맹자,
썰전을 벌이다

탐 철학 소설 24

맹자, 썰전을 벌이다

초판 1쇄	2016년 1월 22일
초판 4쇄	2022년 7월 25일

지은이	윤지산

책임 편집	황여진
마케팅	강백산, 강지연
디자인	땡스북스 스튜디오, 유민경
표지 일러스트	박근용

펴낸이	이재일
펴낸곳	토토북

주소 04034 서울시 마포구 양화로11길 18, 3층 (서교동, 원오빌딩)
전화 02-332-6255 | 팩스 02-332-6286
홈페이지 www.totobook.com | 전자우편 totobooks@hanmail.net
출판등록 2002년 5월 30일 제10-2394호
ISBN 978-89-6496-292-3 44100
ISBN 978-89-6496-136-0 44100 (세트)

● 이 책의 사용 연령은 14세 이상입니다.
● 탐은 토토북의 청소년 출판 전문 브랜드입니다.

맹자,
썰전을 벌이다

윤지산
지음

24

탐
철학
소설

탐

차례

21세기에도 유효한 제왕학 교과서, 《맹자》

《맹자》를 우리나라 사람이 읽으면 아마 반응이 시큰둥할 것이다. 오십보백보나 연목구어, 인자무적 같은 성어에 익숙한 탓도 있겠지만, 맹자 철학은 늘 듣는 이야기처럼 식상하기 때문이다. 그만큼 《맹자》는 우리 유전자에 깊숙이 내장되어 있다. 인의예지, 호연지기, 사단지심, 성선론 등 우리 문화 속에 녹아 있고, 좋든 싫든 한국인은 맹자가 뿌린 문화적 토대에서 성장한다. 《맹자》를 읽지 않아도 모두 맹자를 알고 있는 것이다.

이 책에서 맹자의 핵심 사상을 충실하게 설명하려 애썼다. 그러면서 맹자를 이해하려면 반드시 필요한 역사나 당시의 국제 정세도 곁들었다. 《맹자》뿐만 아니라, 《논어》, 《시경》, 《서경》, 《전국책》, 《열녀전》, 《한시외전》, 《묵자》, 《사기》 등을 참고했다. 등장하는 인물과 이야기는 모두 문헌을 따랐다. 번역본보다 원문을 직접 참조했다. 《맹자》만 읽어서는 맹자를 이해할 수 없다. 묵자와 순자, 한비자도 같이 비교해야 맹자의 진의가 깊이 다가온다.

이 글을 쓰는 내내 고전의 의미가 무엇인가 다시 짚어 보았다.

독서가 어떤 질적 변화의 기회가 아니라 단지 유희의 차원이라면 무의미하다. 이 세상에는 책 읽기보다 재미있는 일이 훨씬 많다. 그렇다면 왜 지난한 작업을 해야 하는지 설명하지 못한다.

필자는 태동고전연구소 시절 《맹자》를 완전히 암송했다. 8개월 동안 《맹자》만 읽고 또 읽어 결국 3만 5천여 자를 외우고 시험을 통과했다. 나중에는 목덜미에 아기 주먹만 한 혹이 생길정도로 극심한 스트레스에 시달렸다. 그때는 《맹자》의 깊이를 몰랐다. 시험이 급급했던 탓이리라. 그러고는 한동안 《맹자》와 멀어졌다. 이번에 책을 쓰며 곰곰이 열 번 정도를 다시 읽었다. 루쉰(魯迅, 노신)은 《맹자》를 두고 '중국의 정수'라고 평가했다. 그렇더라도 우리가 살아가는 현실에 무슨 의미가 있는가! 맹자의 성선론이 자본의 시대에 어떤 의미를 줄 수 있는가!

고전은 현실에서 여전히 효력이 있어야 한다. 그래야 고전이다. 《맹자》의 외침과 울림은 동서고금을 막론하고 크게 다가온다. 맹자는 말한다. '정치란 여민해락(與民偕樂)이다.' 즉, 백성과 즐거움을 함께 나누는 것이다. 맹자는 백성에게 고통을 분담하자는 주장을 하지 않는다. 백성의 생존을 위한 물적 토대를 만들어 주고 바르게 생활할 수 있도록 하는 것이 집권자의 역할이라고 한다. 왕은 백성을 위해 존재하고, 백성은 왕을 위해 존재하지 않는다. 이른바 군경민귀(君輕民貴) 사상이다. 이를 통해 어리석은 왕은 왕위에서 쫓아내야 한다는 명분이 성립한다. 이를 역성혁명(易姓革命)이라고 한다. 그래서《맹자》는 '군주에게 백성의 고귀함'을 일깨워 주는 제왕학 교과서이다.

《맹자》가 단지 왕을 위한 텍스트라면 지금의 우리가 꼭 읽을 필요가 있을까? 그렇다. 현대 시민은 모두가 왕이기 때문이다. 자율적 권리와 타인에게 의무를 지켜야 하는 의로운 왕이다. 맹자는 외친다. 왕이든 시민이든 우선 '내 마음의 본성을 살펴라.' '마음을 깊이 살피면 성을 알게 되고, 성을 알면 하늘을 안다.'라고 했다. 어쩌면 이 한마디를 통해 맹자는 인간의 존재의 의의와 당위를 설파하고 있는지 모른다. 그 의미는 간단하다. 칸트식 표현을 빌리면 '내 마음에 빛나는 도덕'을 발견하고 실천하라는 것이고, 그것이 인간의 길이자 하늘의 뜻이라는 것이다. 그렇지 않는다면? 맹자는 단언한다. '사람이 아니라 금수에 가깝다'고. 자신의 선한 본성을 깨닫고 이를 바탕으로 타인을 헤아리고 이웃을 보듬으면 이것이 바로 올바른 정치이다. 여기에 세계 평화의 길이 있다. 맹자는 여든 평생을 광야에서 이렇게 외치고 갔다. 당대의 우둔한 왕은 모두 그를 외면했지만 맹자는 흔들리지 않고 신념과 확신에 찬 삶을 살다 갔다. 시간과 공간이 바뀌었지만 맹자가 우려한 현실은 조금도 달라지지 않았다. 현대 시민, 현대 위정자에게 《맹자》라는 고전이 유의미한 이유는 바로 여기에 있다.

이 책을 쓰는 동안 곡절이 많았다. 장춘에서 시작한 글이 호치민에서 가서도 끝나지 않았고, 시드니에 와서야 겨우 탈고할 수 있었다. 긴 시간 동안 독촉하지 않고 기다려 주신 탐 출판사 식구들에게 진심으로 감사의 말씀드린다. 글 쓰는 데 전념할 수 있도록 여러 가지 지원을 해 준 외우(畏友) 구명훈에게 어떻게 보답해야 할지 모르겠다. 혜광고등학교 김성동 선생에게 감사의 말씀을 전한다. 오랜만에 만나 지나가는 길에 처지를 이야기했더니 잊지 않고 많이 도와주셨다. 또 ㈜대륙금속 박재영 이사에게 심심한 사의를 전한다. 필자의 긴긴 유랑을 묵묵히 뒷받침해 주었다. 최근 중국 진출을 앞두고 있는데 중국학의 중요성을 절실히 느낀다고 했다. 외우 박재영은 넓은 안목과 세심함 배려가 있어 반드시 건승하리라 믿는다. 이 글을 쓸 수 있게 된 것은 전적으로 태동고전연구소에서 공부한 덕분이다. 청명 임창순 선생님과 김만일 선생님, 하영휘 선생님이 없었다면 애초에 엄두조차 내지 못했을 것이다. 학비는 물론 생활비도 장학금으로 지원해 주셨다. 지금 태동고전연구소가 외부 지원이 끊겨 어려운 상황이다. 바른 길은 하늘이 돕는다 했던가! 태동고전연구소가 다시 일어설 수 있게 미력이나마 보태는 것이 마지막 소망이다.

2016년 1월 시드니에서
윤지산

함께 누리는 즐거움

1

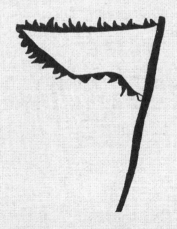

동이 트자 안개가 물러나고 역산이 준엄한 기세를 뽐낸다. 웅장한 태산과 기묘한 황산, 험준한 화산이 한데 모인 듯하다. 만장(萬章)은 말에서 내려 흠칫 물러섰다. 주위가 모두 평지라 더 우뚝한 역산을 물끄러미 바라봤다. 산의 위세보다 사람의 기운이 강하게 밀려온다.

'스승께서 돌아오셨구나!'

만장은 나직이 되뇌었다. 만장은 스승이 15년간 세상을 두루 돌아다닌 끝에 역산의 남쪽 기슭에 자리 잡았다는 소식을 듣고 급히 달려왔다. 늘 스승 맹자를 가까이 모셨지만, 설(薛)나라에서 양식이 떨어져 구하러 간 사이 길이 엇갈렸다. 만장은 수소문 끝에 맹자 일행이 이미 등(藤)나라로 갔다고 들었다. 곧 쫓아갔지만, 맹자는 벌써 노(魯)나라로 떠나고 없었다. 만장은 스승이 언젠가 고향 추(鄒)나라로 돌아올 것 같아 기다렸다.

"제자 만장, 문안드립니다."

만장이 인사를 올리자 방 안에서 탁 소리가 났다. 맹자는 급히 일어서느라 책상에 무릎을 부딪혔다. 앉은뱅이책상이 나뒹굴었다. 같이 자리에 있던 또 다른 제자 공손추(公孫丑), 악정자(樂正子), 공도자(公都子)는 일제히 놀랐다. 스승이 허둥대는 모습을 본 적이 없었다. 맹자는 어떤 순간에도 동요하지 않고 늘 당당했다. 공손추는 맹자가 마흔 무렵에 마음이 어디에도 흔들리지 않는 부동심(不動心)의 경계에 들어섰다는 이야기를 들었다. 놀라면서 한편 모두 가슴이 뭉클했다. '스승이 이토록 우리를 아끼시는구나!'

맹자는 몸소 만장을 맞으며 손을 잡았다.

"어디 몸 상한 데는 없느냐?"

만장은 무릎 꿇고 절하며 예를 갖췄다.

"설나라에서 길을 잃고 등나라로 한걸음에 달려갔지만, 행방이 묘연했습니다. 제자, 행여 또 길을 잘못 들까 추나라에서 기다리고 있었습니다."

만장의 목소리가 젖었고 맹자 눈에도 물기가 어렸다. 따라 나온 공손추와 악정자가 만장을 잡고 일으켜 방으로 들어갔다. 맹자가 먼저 자리를 잡고 앉았다. 만장은 고개를 들고 스승을 마주 봤다. 허리는 꼿꼿했고 살결은 아기처럼 고왔다. 팔순에도 머리카락이 검고 윤이 났다. 밤바다 같은 눈동자는 투명한 빛이 쏟아지는 듯했다. 기상은 여전했지만, 만장은 스승이 전보다 부드러워졌다고 느꼈다. 상대가 왕이라도 올바른 도(道)를 벗어나면 가을의 찬 서리처럼 매섭게

꾸짖던 맹자였다. 세월의 무게인가! 만장은 혼자 생각했다.

"선생님, 이제 귀향하신 것입니까?"

만장의 목소리에 아쉬움이 배어난다.

"지금 이 시대에는 어리석고 둔한 왕밖에 없구나! 이 역시 하늘의 뜻일 게다. 공자께서도 그러셨으니……."

맹자는 지그시 눈을 감았다. 양(梁)나라에서 제(齊)나라, 추나라, 등나라, 노나라로 돌아다니며 왕에게 정도를 가르쳤지만, 어리석은 왕은 도무지 들으려 하지 않았다. 신산한 여정이었다.

"하오면……."

공손추가 술렁거리는 좌중을 다독이며 먼저 운을 뗐다.

"공자께서도 천하를 떠돌다 말년에 고향에서 시와 서를 정리하시지 않았느냐? 나 역시 너희와 같이 책을 지으려 한다."

"아!"

문밖에서 탄성이 쏟아졌다. 맹자가 돌아왔다는 소문이 퍼지자 하나둘 모이기 시작하더니 마당은 사람으로 빼곡히 찼다. 모두가 전쟁의 시대에 맹자가 할 일이 더 남았다고 생각하는 한편, 한 시대가 저물어가는 것을 슬퍼하며 탄식했다.

"이 난세를 선생님이 아니면 누가……."

만장의 말에는 근심과 불만이 서려 있었다. 스승이 없으면 의지할 곳이 사라진다.

"정치 일선에 나서지 않을 뿐, 이 역시 하늘의 뜻이다. 벼슬에 나아가고 물러나는 것엔 모두 때가 있는 법."

맹자는 만장을 헤아렸다. 매사 곧이곧대로 행동하는 만장의 성품을 익히 알고 있었다. 만장은 설령 스승일지라도 앞뒤가 맞지 않으면 물러서지 않았다. 맹자는 강직한 만장을 갸륵히 여기면서 한쪽으로만 치우칠까 걱정했다. 만장이 반박하려는 듯 어깨를 들썩이자 공손추가 막고 나섰다.

"양나라 혜왕(惠王)이 선생님을 제일 먼저 모셨습니까?"

공손추는 제나라 사람이다. 맹자는 양나라를 거쳐 제나라 선왕(宣王)의 초청을 받고 제나라의 수도 임치로 갔는데, 공손추는 그때 맹자의 제자가 되었다. 공손추는 그 이전의 일은 잘 몰랐다.

"그렇다."

"혜왕은 어떤 인물입니까?"

맹자는 찻잔을 내려놓으며 엷게 웃었다.

"중원[1]의 왕이 대개 그렇듯 인(仁)으로 다스리는 정치, 인정(仁政)의 이치를 모른다. 나를 보자마자 대뜸 '선생님께서 천리 길도 멀다 않고 달려 오셨는데 어떻게 우리나라를 이롭게 하시렵니까?'라고 묻더구나."

맹자는 불쾌한 표정을 숨기지 않았다. 당시 맹자는 서른을 갓 넘었고 혜왕은 팔순 노인이었지만 그를 깍듯이 대했다. 맹자는 예를 갖추지 않으면 그 누가 불러도 가지 않았다. 의복이나 수레, 시중을 드는 사람 모두 국빈 대우이어야 초청을 받아들였다. 좌중에 가벼운 웃음이 퍼져 나갔다. 맹자가 혜왕을 '인의(仁義)'로 다그쳤을 장면이 훤해서였다. 인정을 논할 때 맹자는 몰입해 주위 시선을 아랑곳하지 않았다. 왕은 체통도 잊은 채 꾸지람받은 아이처럼 공손해졌다. 제자들이 술렁이자 맹자는 제자들을 손을 들어 제지했다.

"왕이 제 속만 차린다면 신하도 그럴 것이고, 온 백성이 모두 제 잇속만 차리려 들 것이다. 이기심은 싸움을 낳고 다툼은 전쟁을 부른다. 인간의 본래 성품을 버리면 작게는 제 몸을 다치고 크게는 천하에 전쟁의 불길이 꺼지지 않는다. 인간은 본래 선한 존재, 선한 본성을 실천하면 평화와 부국강병[2]은 저절로 따라온다."

맹자는 단호하게 말했다.

"혜왕이 선생님의 말씀을 따랐습니까?"

공손추가 재차 물었다.

"그랬으면 천하가 모두 양나라 혜왕에게 문안드리러 갔겠지? 바른 길을 눈앞에 두고도 헤매는 것이 인간의 속성인지라!"

맹자는 입맛을 다셨다.

"양나라는 한때 중원의 강자였는데, 지금은 서쪽으로 진(秦), 동쪽으로 제(齊), 남으로는 초(楚)가 압박하고 있습니다. 모두 혜왕이 정치를 잘못한 탓입니까?"

만장이 맹자의 표정을 살피며 묻는다.

"양나라는 본디 진(晉)에서 갈라져 나왔다. 진은 문공 때 중원을 재패할 정도로 강한 나라였지만, 귀족들이 다퉈 결국 한(韓), 위(魏), 조(趙) 셋으로 쪼개졌다. 이때 시대가 한 번 바뀌었지.[3] 셋 중에서도 위나라가 제일 강했는데 문후 시절은 문공 시절 못지않았다. 혜왕 때에 와서 진(秦)에게 쫓겨 수도를 옮겼고, 이때부터 위나라를 양나라로 부르기 시작했다. 혜왕은 인재를 보는 눈이 없었다. 그러면서도 여전히 무엇이 잘못인지 몰랐다. 진정한 힘이 어디서 나오는지! 양나라가 지금 저 지경이 된 것은 모두 혜왕 탓이다. 한 집이 가난하고 자식이 엇나가는 것은 가장의 잘못이고, 한 나라가 기우는 것은 왕의 잘못이고, 천하가 혼란한 것은 천자[4]의 잘못이다."

맹자는 박학다식하면서도 핵심을 짚을 줄 알았고 또 달변이었다. 적절한 비유와 타당한 근거를 드는 화술은 당대 제일이었다. 맹자와 논쟁하다 보면 상대는 자기도 모르는 사이에 설득당했다. 그래서 맹자에게는 '말만 잘하는 사람'이라는 비난도 따라다녔다.

"혜왕이 어떻게 정치를 잘못했습니까?"

만장은 모르면 바로 물었다. 공자도 말했듯 모르면 모른다고 하는 것이 진정한 앎이다. 모르면서 아는 체한다면 알 길이 영영 사라진다. 맹자는 온화한 눈빛으로 만장을 바라본다.

"지인(知人). 정치는 '사람을 아는 것'이 끝이라고 해도 과언이 아니다. 혜왕에게는 사람 보는 눈이 없었다. 방연(龐涓)은 재주가 없고 질투도 심했고, 손빈(孫臏)은 재주가 넘치면서도 때를 기다릴 줄 알았다. 오나라 왕 합려(闔閭)를 패자로 만든 인물 중에 오자서(伍子胥)와 손무(孫武)가 있었는데 그가 바로 손빈의 조부이다. 혜왕이 방연을 중요한 자리에 임용한 순간, 이미 그의 정치는 실패한 것이나 다름없었다."

손빈과 방연은 같은 스승에게 배웠다. 방연이 먼저 양나라 혜왕의 휘하에서 장군이 되었는데, 재주가 자기보다 뛰어난 손빈이 늘 두려웠다. 방연은 은밀히 사신을 보내 손빈을 위나라로 불러들였다. 손빈은 혜왕에게 자기를 추천하는 줄 알고 위나라로 들어왔으나 그를 기다리는 것은 빈형(臏刑)과 묵형(墨刑)이었다. 빈형은 슬개골 아래를 자르는 형벌이고, 묵형은 얼굴에 먹으로 문신을 새기는 형벌이다.

손빈은 형을 받고 한동안 실의에 빠졌으나 곧 털고 일어나 계책을 준비했다. 일부러 술을 마시고 주정하다 미치광이처럼 우물에 빠져 자살하는 척을 했다. 방연을 안심시켜 감시에서 벗어나려는 책략이었다. 그때 마침 제나라에서 순우곤(淳于髡)과 금활리(禽滑厘)가 사신으로 왔는데, 손빈은 감시가 소홀한 틈을 타 이들에게 몰래 접근했다. 손빈은 사신에게 처지를 하소연했다. 순우곤은 손빈이 걸출한 인물임을 알아채고 수레에 숨겨 제나라로 데리고 왔다. 방연은 손빈이 술이 취해 우물에 빠져 죽었다고 생각하고 추격하지 않았다. 순우곤은 제나라의 장군 전기(田忌)에게 손빈을 소개했다.

전기는 손빈을 손님으로 대접하며 잘 대해 주었다. 전기는 경마를 좋아해 왕자들과 크게 내기를 걸었다. 전기는 매번 돈을 크게 잃었는데 손빈이 보니 전략에 문제가 있었다. 손빈이 전기에게 넌지시 말을 건넸다.

"이번 내기에는 돈을 많이 거십시오. 제가 반드시 이기게 해 드리겠습니다."

전기는 손빈은 믿고 큰돈을 걸었다.

시합 당일 손빈은 전기에게 전략을 가르쳐 주었다.

"말을 상, 중, 하 세 등급으로 나눠서 상급 말을 상대 중급 말과 달리게 하고, 중급 말은 상대의 하급과, 하급 말은 상급 말과 뛰게 하십시오."

손빈의 말대로 시합을 치렀더니 한 번 지고 두 번 이겨 전기는 많은 돈을 땄다. 이 고사를 후세에서 '전기의 경마 이야기'라고 하여 '전기새마(田忌塞馬)'라고 불렀다. 전기는 손빈이 재목임을 알아보고 왕에게 추천했다. 당시 제나라는 위왕(威王)이 다스리고 있었다. 위왕이 손빈에게 병법에 관해 묻자, 손빈은 거침없이 답했다.

위나라가 조나라를 침략하자 조나라는 제나라에 급히 구원병을 요청했다. 제나라 위왕은 손빈을 장수로 삼으려했으나 손빈은 형을 받은 몸이라며 사양했다. 그러자 군대를 운용하여 군사 작전을 짜는 '군사(軍師)'로 임명했다. 손빈은 수레에 장막을 치고 앉아 전략을 짰다. 전기 장군은 곧바로 조나라로 진격하려 했으나 손빈이 만류하며 말했다.

"엉킨 실타래는 잡아당기기만 하면 풀 수 없고, 싸움을 말리려면 중간에 끼어 있어서는 안 됩니다. 상대가 강하면 피하여 허점을 노려야 합니다. 지금 양나라가 조나라를 치면서 정예병을 모두 출정시켰으니 양나라 안에는 노약한 병사밖에는 없을 것입니다. 장군께서 급히 말머리를 돌려 양나라의 수도인 대량(大梁)으로 진격하십시오. 양나라는 틀림없이 나라를 구하려 조나라에서 회군할 것입니다. 그럼 장군께서는 길목을 지켰다가 적을 치면 반드시 대승할 것입니다."

전기는 손빈의 계책을 따라 계릉(桂陵)에서 기다렸다 회군하는 양나라 군대를 격파했다. 기원전 341년의 일이었다. 손빈이 세운 위위구조(圍魏救趙, 위나라를 포위해 조나라를 구한다) 전략에 따라 조나라도 구하고 양나라도 물리는 치는 일거양득의 결과를 얻었다.

계릉 전투에서 참패한 양나라는 이번에는 조나라와 연합해 한나라를 공격했다. 이때는 어제의 적이 오늘은 동지가 되고 오늘의 동지가 적이 되는 일이 비일비재했다. 오직 자기 이익을 위해서 뭉치고 흩어질 뿐 도덕과 의리는 안중에도 없었다. 적을 베지 않으면 내가 죽는다는 살벌한 전쟁의 법칙이 유일한 진리였다. 잦은 전쟁으로 백성만 고달팠다. 남자들은 늘 전쟁에 징집되었고 여자들은 유린당했다. 곡식을 세금으로 뺏겨 들판에는 굶어 죽은 시체가 즐비했다. 모두 전쟁을 그치고 평화를 희망했으나 그 길은 요원했다. 전쟁을 전쟁으로 막으려는 전략가나 유세가들만 득세했다. 그러나 전쟁은 또 다른 전쟁을 부를 뿐 전란의 불꽃은 사그라질 줄 몰랐다.

한나라도 역시 제나라에 구원 요청을 했다. 위왕은 그때도 전기를 장군으로, 손빈을 군사로 임명해 파병했다. 양나라는 방연을 장군으로 삼아 한나라를 공격했는데, 방연의 군대는 제나라 군대가 대량으로 진군한다는 첩보를 접하고 즉시 회군했다. 이때 제나라 군대는 이미 서쪽으로 양나라 국경을 넘어선 상태였다. 손빈이 전기에게 작전을 설명했다.

"양나라의 군사는 평소 스스로 강하다 여기면서 제나라 군사를 얕잡아 봅니다. 전투에 밝은 장수는 형세를 읽고 이익을 취합니다. 병법에 이런 말이 있습니다. '승리를 쫓아 적을 100리 추격하면 상장군을 잃고, 50리 추격하면 군사 반을 잃는다.' 여기서 우리 군대를 거짓으로 후퇴시킵시오. 첫날은 아궁이 10만 개를 써 밥을 짓고, 이튿날은 5만 개로 줄이고, 3일째는 3만 개로 줄이십시오."

이를 감조지계(減竈之計)라 한다. 아궁이 숫자를 줄여 탈영병이 많은 것처럼 위장하는 전술이다. 방연은 물러나는 적을 쫓으면서 흔적을 유심히 살폈다. 손빈은 방연의 머릿속을 들여다보듯 거짓 정보를 흘린 것이다. 방연은 들떠 크게 웃으며 휘하에 명령을 내렸다.

"제나라 군사는 본래 겁쟁이다. 우리 땅에 들어온 지 3일 만에 병사가 반이나 탈영했다."

막료[5]들이 무슨 뜻인지 몰라 설왕설래하자, 방연은 아궁이를 가리켰다. 방연을 다시 지시를 내렸다.

"보병은 여기서 기다려라. 기마병은 전보다 두 배 빨리 행군하라."

손빈은 방연의 수를 읽고 있었다. 손빈이 방연 군대의 행군 속도를 계산하니 밤에는 도착할 것 같아 마릉(馬陵)에 군사를 매복시켰다. 마릉으로 오는 길은 험하고 좁은 계곡이었다. 손빈은 계곡 끝머리에 주변의 나무를 베어 내어 큰 나무 껍질을 벗기고, 흰 속살에 글을 남겨 두었다.

'방연, 이 나무 아래에서 죽는다.'

과연 방연은 큰 나무 아래에 다다라서는 글을 보려고 횃불을 켰다. 글을 다 읽기도 전에 제나라의 진영에서 화살이 날아들었다. 양나라 군대는 대열을 잃고 무너졌고 방연은 자신의 지략이 부족해 패했다고 여겨 자살을 택했다.

"내 어리석어 손빈이 세상에 이름을 남기겠구나!"

제나라 군대는 승세를 몰아 양나라 군대를 크게 물리쳤고 태자신(申)을 포로로 잡아 회군했다. 이를 계기로 중원의 패권이 제나라로 넘어갔다. 양나라의 국력이 약해지자 서쪽에서 중원을 노리던 진나라도 숨통이 트였다. 진나라의 천하 통일을 향한 문이 열린 것이다.

맹자가 이야기를 끝냈는데도 모두 한동안 멍하게 앉아 있었다. 맹자의 박식함에 놀랐고 넓은 안목에 한 번 더 놀랐다. 맹자의 말을 듣고 있으면 현장을 마주한 듯 생생했다. 마치 전쟁터에 있는 것 같아 몸서리치는 이도 있었다.

"혜왕(惠王)은 인사에도 실패했을 뿐 아니라, 지리도 읽지 못했다. 양나라의 수도를 옮긴 것도 큰 실책이었다. 원래의 수도인 안읍(安邑)은 동쪽으로는 경산, 북쪽으로는 명조산, 남쪽으로는 석문산을 끼고, 서쪽으로는 황하가 흐르는 천하의 요새였다. 그러나 새로운 수도인 대량은 평원이라 사방이 터져 적을 막을 방패가 없었다. 손빈이 대량을 치자 부득이 회군해야 했다. 혜왕의 실책 탓에 선대인 진나라 문공, 위나라 무후가 이룬 패업에 금이 갔다. 왕이 어리석은 탓에 백성이 겪은 고초를 말로 다할 수 있겠느냐."

맹자는 이맛살을 찌푸렸다. 모두 잠시 침묵했다. 공손추가 주위를 두리번거리더니 맹자에게 물었다.

"선생님은 혜왕께 무어라 충고하셨는지요."

"인정과 여민해락(與民偕樂, 백성과 즐거움을 함께 나누다)을 말했다."

맹자는 단호했다.

"자세히 들을 수 있겠습니까?"

맹자는 공손추를 물끄러미 쳐다봤다. 2년 여 양나라에 머물렀던 시절을 회상하는 듯 한참 뜸을 들인다.

"선한 본성을 정치로 넓혀 가는 것이 인정이오, 사람 마음은 모두 같다. 좋은 것을 왕이 독차지 하면 백성이 원망하지만 같이 누리면 백성은 왕을 칭송한다. 이것이 여민해락이다."

"가까운 예를 들어 주십시오."

이에 악정자가 끼어들었다. 악정자는 스승의 이론을 실제 정치에 적용하고 싶어 했다. 그는 훗날 노나라에서 기회를 얻는다. 맹자는 악정자가 '선을 좋아한다' 여겨 그를 특별히 아꼈다.

"먼저 기본적으로 생존 문제가 해결되어야 한다. 가난이 죄를 부른다. 형벌과 세금을 줄이고 농사짓기 좋도록 땅을 개간하고 농한기가 아니면 함부로 부역시켜서는 안 된다. 생활이 안정되면 반드시 여가를 내 효제충신을 가르쳐야 한다. 집에서는 아버지와 형을 섬기고 밖에서는 어른을 공경하면 그 나라는 근간이 서 강해진다. 이런 백성이 있으면 어떤 나라와 전쟁해도 이길 수 있다. 지금 실정은 어떠하냐! 아무 때나 징발하고 징병해서 장정이 농사일을 못하니 부모를 봉양할 수 없어 굶어 죽거나 얼어 죽는다. 형제와 처자는 뿔뿔이 흩어져 생사조차 막연하다. 이런 나라를 정벌하면 백성이 오히려 적군을 반기며 다투어 귀순한다. 이것이 인자무적(仁者無敵, 어진 사람은 남에게 덕을 베풂으로써 모든 사람의 사랑을 받고, 모든 사람이 사랑하므로 세상에 적이 없음)이니라. 인정의 길은 멀리 있지 않다. 왕이 본래의 마음을 더듬기만 해도 곧바로 이를 수 있다. 그런데도 다른 길로 가려한다. 이 어리석음을 어찌 하겠는가!"

강이 깊으면 소리 없이 유유히 흐른다. 맹자는 조용히 말했지만 울림이 컸다. 악정자에게는 인자무적이란 말이 더 크게 다가왔다. 선인에게 친구가 생기고 악인에게 원수가 생긴다. 지극히 당연한 이치가 아닌가! 악정자는 미로에서 길을 찾은 듯 마음이 밝아졌다.

"그럼, 여민해락도 인정과 같은 것입니까?"

"모두 사람의 마음을 헤아리는 것이다. 제 마음을 헤아리면 다른 사람 마음도 알 수 있다. 옛날 문왕(文王)의 사냥터는 사방 70리였는데도 백성은 오히려 작다고 여겼다. 왕의 사냥터였지만 백성도 사냥할 수 있었고 꼴을 베거나 땔감을 해도 죄가 되질 않았다. 백성과 함께 즐거움을 나누니 70리가 오히려 작다고 여긴 거다. 지금은 40리만 되어도 크다고 원성이 자자하다. 사냥터에 발을 들여놓기만 해도 중죄를 내리기 때문이다. 어느 나라가 부강하며 누가 천명을 누릴지 뻔하지 않느냐? 여민해락은 타인의 마음을 헤아리는 인정의 한 갈래이다."

방 안으로 드리우던 그림자가 짧아졌다. 남녘 하늘에 높이 올랐던 해가 서쪽으로 잰걸음을 쳤다. 아무도 시장기를 느끼지 못했다. 맹자는 말을 할수록 지치기는커녕 눈빛이 더 투명하게 빛났다. 자리를 뜨는 사람도 쉬어 가자는 사람도 없었다. 맹자가 말을 잇는다.

"혜왕은 진, 제, 초와 쉴 틈 없이 전쟁을 벌였고, 또 포전택(圃田澤) 같은 인공 호수를 만들려고 백성을 수시로 동원했다. 전쟁과 노역에 시달리다 못해 양나라를 도망치는 이가 끝이 보이지 않을 정도였다. 백성을 사지로 내모는 학정은 몽둥이로 사람을 죽이는 것과 다를 게 없다. 오십보백보[6]다. 혜왕은 그나마 영민한 구석이 있어 나에게 가르침을 즐겨 청했고 고치려고 애썼다. 불행히도 너무 늦게 나를 만났다. 내 뜻을 따르기 전에 세상을 버렸으니……."

맹자는 허망한 표정을 지었다. 혜왕은 맹자를 만난 지 2년 만에 죽었다. 양나라 혜왕은 자신 때 이르러 나라가 급격히 기울어서 재건하려 무진 애를 썼지만 결국 뜻을 이루지 못했다. 이는 맹자에게 불행한 일이었다. 혜왕 뒤를 이은 것은 아들 양왕이었다.

"혜왕이 세상을 떠나고 바로 양나라를 떠나셨습니까?"

공손추는 맹자가 언제 제나라로 왔는지 궁금했다. 군자는 들고 나는 때가 정확해야 한다고 맹자에게 늘 들어서였다.

"아들 양왕이 즉위하고 나서이다. 왕위에 오르고서 나를 부르더구나. 가서 보니 위엄도 없고 임금 그릇도 아니었다. 그때 떠나기로 결심했다. 그런데 돌연 나에게 가르침을 청했다. '혼란한 천하가 어떻

게 될 것 같습니까?' 물어서 내 일러 주었다. '한곳으로 모이겠지요.'
라고 답하니 또 '누가 통일합니까?'라며 거듭 가르침을 청하기에 '살
인을 진심으로 싫어하는 사람이 천하를 통일할 것입니다.'라고 대답
하고는 자리를 떴다. 양왕이 이러한 이치를 깨닫는다면 옛 선조의 영
광을 재현할 수 있겠지. 왕이 타고난 선한 마음으로 인정을 베푼다
면 천하통일은 손바닥 안에서 굴리는 것처럼 쉽다. 내가 양나라를
떠나고 더 쇠락하는 것을 보면 양왕 역시 내 뜻을 따르지 않았다."

　맹자가 잠시 말을 내려놓자 공손추가 좌중을 향해 눈짓을 했다.
스승을 쉬게 하려고 자리를 뜨려는 것이다. 해가 기울고 인적이 드문
역산 기슭에는 저녁밥을 짓는 연기가 피어올랐다.

[1] 중원(中原): 중국의 황허 강 중류의 남부 지역. 흔히 한때 군웅이 할거했던 중국의 중심부나
중국 땅을 이른다.

[2] 부국강병(富國强兵): 나라를 부유하게 만들고 군대를 강하게 함. 또는 그 나라나 군대.

[3] 이 시점을 중국사에서는 '전국 시대'의 시작으로 잡는다.

[4] 천자(天子): 천제(天帝)의 아들, 즉 하늘의 뜻을 받아 하늘을 대신하여 천하를 다스리는
사람이라는 뜻으로, 군주 국가의 최고 통치자를 이르는 말.

[5] 막료(幕僚): 중요한 계획의 입안이나 시행 따위의 일을 보좌하는 사람.

[6] 오십보백보(五十步百步): 조금 낫고 못한 정도의 차이는 있으나 본질적으로는 차이가
없음을 이르는 말. 양나라 혜왕이 정사(政事)에 관하여 맹자에게 물었을 때, 전쟁에 패하여
어떤 자는 백 보를, 또 어떤 자는 오십 보를 도망했다면, 백 보를 물러간 사람이나 오십 보를
물러간 사람이나 도망한 것에는 양자의 차이가 없다고 대답한 데에서 유래한다.

함께 누리는
즐거움

1

2

착한 본성의 별

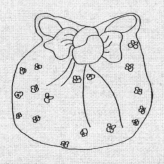

만장은 집으로 돌아오자마자 어제 나눈 이야기를 정리했다. 이른 아침 역산으로 맹자를 찾아 글을 올렸다. 맹자는 붉은 먹을 찍어 수정하고 만장에게 죽간을 돌려줬다. 맹자와 만장이 아침상을 물릴 무렵 제자가 삼삼오오 맹자 서재로 몰려들었다. 차향이 가득한 서안 너머에 맹자가 정좌해 있다. 공손추가 예를 올리고 맹자를 바라봤다.

"선생님은 늘 공자를 말씀하시면서 좋은 스승을 만나야 한다고 하셨는데, 정작 누구에게서 학문을 익혔는지 들은 적이 없습니다. 오늘은 그 말씀을 여쭈고자 합니다."

"공자께서 열다섯에 학문에 뜻을 두었다고 하셨다. 나 역시 열다섯에 노나라로 유학 갔다. 노나라에는 공자 유풍이 그대로 남아 있어서이다. 공자께서는 증자(曾子)를 가르쳤고, 증자는 공자 손자이신 자사(子思)를 가르쳤다. 나는 자사의 제자였던 분에게 배웠는데 그분은 존함은 숨기시고 은거하여 세상에 이름이 알려지지 않았다. 난세에는 벼슬에 나가지 않고 홀로 공부에 전념하는 것도 군자의 길이다.

아버님이 일찍 세상을 버리셔서 집안 살림이 몹시 궁핍했지만 지극 정성이셨던 어머니 덕분에 뜻을 품고 유학할 수 있었다. 어머님 사랑이 없었다면 오늘의 나는 없다."

맹자는 돌아가신 어머니가 생각난 듯 눈시울을 붉혔다. 만장과 공손추는 제나라에서 맹자를 따라 추나라에 왔고, 악정자는 노나라에서, 공도자는 초나라에서 왔다. 맹자와 처지가 비슷한 몇몇 제자의 눈가에도 눈물이 고였다.

맹자 어머니는 장(仉)씨이다. 맹자가 세 살 무렵에 남편을 여의었다. 남편이 유산을 남기지 않아 가산을 처분하고 공동묘지에서 가까운 곳으로 이사했다. 성안보다 집값이 쌌기 때문이다. 장씨는 귀족 출신이었지만 맹자의 교육을 위해 궂은일을 마다하지 않았다. 맹자는 조금 커서는 동네 아이들과 묘를 만드는 흉내를 내면서 놀았다. 상여꾼들이 묘 봉분을 만들 때 흙을 다지고 노래를 불렀는데 맹자도 따라 불렀다. 장씨는 가슴이 철렁했다.

'아들을 여기에서 키워서는 안 되겠구나!'

그러고는 곧바로 성안으로 다시 이사했다. 이번에는 시장 터 옆에 자리 잡았다. 급히 이사하느라 마땅한 거처가 없었고, 다른 곳은 비싸기도 했다. 그런데 맹자가 이번에는 장사꾼이 물건 흥정하는 흉내를 내고 노는 것이었다. 장씨는 하나뿐인 아들을 장사꾼으로 만들고 싶지 않았다.

'내 아들을 여기서 키울 수 없다.' 결심하고는 학교 옆으로 이사를 했다. 그러자 맹자는 제사 놀이하거나 어른에게 인사하는 놀이를 했다. 장씨는 그제야 마음이 놓였다. '여기가 바로 내 아들이 살 곳이구나.'

맹자가 여기서 육예(六藝)를 배우면서 학문의 기초를 닦았다. 맹자는 진학해서는 단연 두각을 나타냈다. 또래는 물론이고 서너 살위 선배보다 진도가 빨랐다. 장씨는 다시 결심했다. 맹자를 노나라로유학 보내기로. 이때 맹자 나이 열다섯 살이었다. 노나라는 공자의고향이자 당시 중원에서 제나라와 더불어 학문이 가장 발달한 곳이었다. 맹자는 노나라에서 《시경》과 《서경》, 《춘추》를 배우면서 공자의정신세계를 이어받았다. 맹자가 제후를 설득할 때나 논쟁할 때 《시경》이나 《서경》을 자주 인용했는데, 바로 노나라에서 유학한 덕분이다. 어떤 면에서 공자 철학을 계승하면서도 어떤 면에서는 독창적인세계를 열어 갔다.

맹자가 노나라에 온 지 1년쯤 지났을 무렵이었다. 동학에 비해공부가 뛰어나 맹자는 자만하기 시작했다. 객지 생활에 적응되자 긴장이 풀렸다. 차츰 공부를 게을리했다. 또 홀로 계신 어머니가 걱정이 돼 공부에 집중할 수 없었다. 맹자는 집을 나설 때 학문의 성취가없으면 절대 귀국하지 않겠다고 다짐했다. 어머니 장씨도 위급하다는 소식이 아니면 절대 돌아오지 말라고 누누이 일렀다. 맹자도 굳게 약속했다. 장씨는 맹자에게 말은 지키라고 가르쳤고 자신도 이를 지켰다.

맹자가 아직 시장 부근에 살 때의 일이다. 이웃에서 돼지 잡는 소리가 들렸다. 울음소리가 몹시 처량했다. 맹자가 장씨에게 물었다.

"어머님, 옆집에서 왜 돼지를 잡습니까?"

순간 장씨는 답이 궁해 둘러댔다.

"네게 주려고 잡는다는구나."

고기가 귀한 때라 맹자는 그 말을 듣고 펄쩍펄쩍 뛰었다. 좋아하는 아들을 보고 장씨는 빙그레 웃었다. 잠시 아차 후회가 밀려들었다. 평소 아들에게 약속은 반드시 지키라고 가르쳤는데 자신이 먼저 어기면 아들이 따르지 않을 것 같았다. 고기값이 한참 비쌌지만, 장씨는 아들과 한 약속이 더 중요했다. 그날 저녁상에는 돼지고기가 올라왔다.

맹자는 어머니의 성정을 알아 주저했다. 고국과 노나라는 인접하더라도 여비 또한 만만치 않았다. 그러나 어머니가 못 견디게 보고 싶었다. 중도에 돌아와도 어머니가 어쩌면 용서할 것 같아 행장을 꾸려 귀국길에 올랐다. 집 근처에 다다르자 맹자는 벌써 마음이 설레었다. 몇 해 만에 어머니를 뵙는 건가! 장씨는 마루에서 베를 짜고 있었다. 맹자는 한참 그 모습을 지켜보다 마루에 올라섰다. 인기척을 느끼자 장씨는 돌아봤다. 장씨도 어린 아들을 타국에 보내고 늘 보고 싶었다. 기별도 없이 들어선 아들을 보고 장씨는 태연히 베를 짜면서 아들에게 물었다.

"학문이 어디까지 이르렀느냐?"

맹자는 짐짓 겸손한 척 대답했다.

"아직 그만그만합니다."

장씨는 말없이 일어서더니 안방에서 가위를 들고 나왔다. 거의 다 짠 베를 싹둑 잘라 버렸다. 후세 사람들이 맹자의 어머니가 베를 자른 이야기라고 해서 이를 '맹모단기(孟母斷機)'라 했다. 맹자는 영문을 모른 채 멀뚱하니 바라보았다. 한참 지나서야 까닭을 물었다.

"네가 공부를 중간에 그만두는 것은 내가 다 짠 베를 자른 것과 다를 게 없다. 장부는 학문으로 지혜를 깨치고 세상에 이름을 남긴다. 학문을 닦아야 예법을 지켜 무슨 일이 생기더라도 해를 입지 않는다. 학문이 설익었는데도 그만두면 평생 종 신세를 못 면하고 고생길을 벗어날 수 없다. 학문과 베 짜는 일이 무엇이 다르겠느냐? 베를 짜다 중간에 그만두면 자식을 먹이고 입힐 수 있겠느냐? 여자가 집안일을 게을리 하고 남자가 학문을 닦지 않으면 평생 남의 종살이를 하거나 도둑이 된다."

맹자는 식은땀을 흘렸다. 방으로 들어가지 않고 마당에서 절을 올리고 바로 노나라로 돌아갔다. 맹자는 바깥출입도 하지 않고 공부에만 집중했다. 혼례를 치르러 고향으로 떠나는 순간까지 책을 손에서 놓지 않았다. 오히려 스승이 몸이 상할까 걱정할 정도였다.

맹자는 혼처가 정해지고서야 집에 올 수 있었다. 장씨는 몇 년 만에 돌아온 아들의 눈빛을 유심히 보더니 아주 기뻐했다. 장씨는 아들의 눈빛을 보고 성장을 가늠한 것이다. 훗날 맹자도 같은 말을 했다. 눈빛에 모든 것이 드러나므로 사람은 자신을 숨길 수 없다고 제자를 가르쳤다. 인품이 눈빛으로 표현된다는 것이다.

신혼에도 맹자는 공부를 쉬지 않았다. 부지런한 아내는 시어머니를 잘 모셔 맹자와 장씨를 모두 좋아했다. 어느 날 맹자가 외출했다 돌아오니 안방에서 아내가 웃옷을 벗고 다리를 쭉 뻗고 앉아 있었다. 맹자는 불쾌해 방으로 들어가지 않고 나가 버렸다. 맹자 아내 역시 기분이 몹시 상했다. 곧바로 시어머니께 달려가 친정으로 돌아가겠다고 인사했다.

"저는 안방에서 아녀자 혼자 있을 때는 부부의 예를 따지지 않는다고 배웠습니다. 오늘 저 혼자 내실에 있으면서 날씨가 더워 웃옷을 벗고 있었습니다. 남편께서 저를 보고는 화를 내면서 나가 버렸습니다. 저를 손님으로 여긴 것이나 마찬가지입니다. 아낙의 도리를 따른다면 저는 손님이니 여기서 살 수 없습니다. 친정으로 돌아갈까 합니다."

장씨는 다급히 아들을 불러들였다.

"대문에 들 때는 누가 있는지 먼저 물어보아야 한다. 상대방에게 공경을 표하는 것이다. 마루에 올라서면 반드시 인기척을 내야 한다. 상대방이 채비할 시간을 주기 위해서이다. 방에 들어가서는 아래를 보아야 한다. 아직 준비가 덜 된 상대방의 허물을 보지 않으려고 조심하는 것이다. 아녀자가 함부로 옷을 벗어서는 안 된다는 예법 하나만 알고 다른 예를 모르면서 아내를 나무랐으니 네 잘못이 더 크다."

맹자는 크게 깨닫고는 떠나려는 아내에게 용서를 구했다. 아내는 남편이 진정으로 사과하자 다시 짐을 풀었다. 맹자는 학문이 얕으면 오히려 배우지 않은 것만 못하다는 사실을 절실히 느꼈다. 어머니와 아내는 맹자가 학문에만 전념할 수 있도록 뒷바라지에 정성을 다했다.

차츰 중원에 맹자가 알려지기 시작했다. 맹자가 살던 전국 시대에는 생사를 건 전쟁이 잦아 각국에서 인재를 절실히 필요로 했다. 이전에는 신분을 중시해 몰락한 귀족이나 평민은 요직에 오를 수 없었다. 시대가 변하면서 실력만 있으면 상경의 지위까지 단숨에 올라갈 수 있었다. 그래서 제나라에서 맹자를 상경으로 모셔 갔다.

맹자는 제나라 선왕과 여러 차례 시국을 논했지만 왕은 맹자의 뜻을 제대로 실행하지 못했다. 맹자는 마음이 불편했다. 장씨가 맹자의 얼굴빛을 살피더니 말했다.

"걱정이 있는 것 같구나."

맹자가 웃으며 머뭇거리지 않고 대답했다.

"별일 없습니다."

며칠 지나 쉬는 날 맹자는 기둥에 기대어 한숨을 내쉬었다.

장씨가 다가가 물었다.

"며칠 전에 걱정하는 것 같아 물었더니 아무 일 없다 하더니만, 오늘 기둥에 기대 한숨 쉬는구나! 무슨 일이냐! 같이 의논하자."

맹자는 잠시 주저하더니 무언가 각오한 듯 어렵게 말했다.

"군자는 재능에 맞게 관직에 나가고 재물이나 명예를 탐하지 않는다고 배웠습니다. 제후가 들으려 하지 않으면 말을 하지 말고, 말을 듣고도 실천하지 않으면 그 조정에 다시 나가지 않는다고 합니다. 지금 제나라 왕이 제 말을 듣지 않으니 제나라를 떠나려고 하는데 어머님 연세가 많아 걱정입니다."

장씨는 기쁘면서도 내색하지 않고 차분히 말을 잇는다.

"제때 밥을 짓고, 장과 술을 잘 담그며 시부모님을 잘 모시고 옷을 잘 지으면 부녀자의 도리를 다하는 것이다. 집안일을 열심히 할뿐 바깥일은 신경 쓰지 않는다. 《주역》에서 '집안일에 정성을 다하네'라고 했고, 《시경》에서는 '술과 음식을 준비할 뿐'이라고 했는데, 이 모두 부녀자의 도리를 가르친 것이다. 부녀자는 삼종(三從)의 도를 따라야 한다는 뜻이다. 어려서는 부모님을 따르고 결혼해서 남편을 따르고 남편이 먼저 세상을 떠나면 아들을 따른다. 이것이 삼종의 예이다. 너는 이제 어른이다. 네 뜻대로 해라! 나는 아녀자로서 예를 다하겠다."

맹자의 어린 시절 이야기는 처음 듣는 이들이 많다. 맹자는 지난 이야기는 좀처럼 하지 않았기 때문이다. 스승이 어떻게 공부했는지 늘 궁금했다. 맹자도 경지에 오르기 전에는 실수했다. 맹자는 여느 사람과 달리 실수를 인정하고 반복하지 않았다. 제자들은 맹자가 한 인간으로 느껴졌다. 스승도 애초부터 완벽하지 않았다. 맹자가 계속 말을 이었다.

"사람은 타고난 성정에 차이가 없다. 공자께서도 타고난 자질은 비슷하지만, 환경이나 습관에 따라 사람이 달라진다고 말씀하셨다 [성상근습상원 性相近習相遠]. 어머니께서는 이를 아셨던 거야! 어려운 형편에도 여러 번 이사를 하셨으니⋯⋯. 공동묘지에 계속 살았더라면 자네들을 만나지도 못했을 것이다."

"사람이 태어날 때는 모두 차이가 없다고 하셨는데, 어떤 이는 요순 같은 성인이 되고 어떤 이는 도척 같은 도적이 되는 것은 무엇 때문인지요?"

자리를 빌려 공도자는 평소 늘 궁금해하던 부분을 물었다.

"대체(大體)를 따르면 대인이 되고 소체(小體)를 따르면 소인이 된다."

맹자가 말을 채 맺기도 전에 공도자가 다시 나섰다.

"똑같은 사람인데 어떤 사람은 대체를 따르고 어떤 사람은 소체를 좇게 됩니까?"

"눈과 귀 같은 감각 기관은 생각하는 기능이 없다. 단지 외물에 끌려다닐 뿐이지. 하지만 마음은 사고하는 능력이 있다. 마음을 다해 노력해야만 대체를 얻을 수 있다. 대체는 하늘이 나에게 준 것이다. 먼저 근본을 세워 두면 작은 유혹에 흔들리지 않는다. 그럼 대인(大人, 큰 사람)의 경계에 올라서게 된다."

맹자 말이 어려운지 공도자는 고개를 숙이고 말을 되뇌었다. 맹자가 그 모양새를 보고 덧붙였다.

"외물은 주변 환경이고, 생각하지 않으면 환경에 지배당한다. 묘지가 환경이고 묘지에서 일어나는 일을 보고 듣는 것은 감각이다. 감각은 환경이 좋은지 나쁜지 판단하지 못한다. 옳고 그름을 구분해 바른 길을 찾아가는 것은 곧 생각이고 마음이다. 성인은 마음을 다스려서 외부 환경에 흔들리지 않지만 보통 사람은 그렇지 않다. 모두 환경에 이끌려 제 본성을 잃어버린다. 사람에게는 사회 환경, 곧 정치가 그 어떤 것보다 중요하다. 사람은 정치에 따라 인성이 변하기 마련이기 때문이다. 그래서 왕의 역량이 천하의 명운을 좌지우지한다. 왕이 정치를 잘못하면 백성은 난폭해지고 세상은 혼란에 빠진다. 왕이

정치를 잘하면 백성은 도리를 따르고 법도를 지켜 시대가 평화로워
진다.”

늦가을 찬바람이 문틈으로 스며들어도 방 안 열기는 식지 않았
다. 말을 할수록 맹자는 힘이 더 나는 것 같았다. 젊은 제자가 지쳤
는지 졸면서 고개를 떨어뜨렸다. 맹자가 책상을 탁 내리쳤다.

“전심치지(專心致志, 오직 한 가지 일에만 마음을 쏟아 뜻한 바를 이룸).”

맹자가 짧게 소리쳤다. 마당 감나무에서 홍시를 쪼던 까마귀가
푸드덕 날자 나뭇가지가 툭 부러진다.

“약속이 왜 그다지도 중요합니까?”

공도자가 분위기를 바꾸려는 듯 다른 주제를 꺼냈다.

“사람은 곧 간(間)이다. 사람은 홀로 살 수 없고 사람과 사람 사이
에서 살 수밖에 없다. 그 사이를 일러 ‘간’이라고 한다. 흔히 인간(人
間)이라고 하지 않더냐! 군신, 부자, 부부, 형제, 친구 이 다섯 가지 관
계에서 벗어나는 사람은 이 세상 그 어디에도 없다. 말은 관계를 잇
는 끈이다. 말에 신뢰가 없으면 끈이 끊긴다. 관계가 무너지면 인간으
로서 설 자리가 없어진다. ‘언이유신(言而有信, 말에는 믿음이 있어야 함)’.
이 한마디를 깊이 새기면 큰 허물이 없을 것이다. 어머니의 가르침 덕
분에 나는 일찍 이를 터득했다.”

맹자는 근거를 들어 주장하고 비유를 쉽게 설명해 말이 자주 길
어졌다. 전국 시대 말기 전쟁은 더 격렬해졌고, 중원 각지에서 평화

를 외치며 수많은 학자가 저마다의 주장을 들고 나왔다. 이들을 후대에 제자백가(諸子百家)라 불렀다. 맹자는 이들을 물리쳐야 했다. 겸애를 주장하는 묵적, 위아(爲我, 자기의 이익만을 생각하여 행동함)를 대안으로 내세운 양주, 성선설을 반대하는 고자(告子), 술수와 책략으로 중원을 휘어잡은 장의와 소진 같은 사람들을 맹자는 강하게 비난했다. 이들의 주장대로는 절대 평화가 오지 않는다는 확신이 맹자에게 있었다.

"제나라에서 계속 관직에 머물면 불의(不義)이고, 연로한 어머님을 두고 떠나는 것은 불효(不孝)인 듯합니다. 불의와 불효 중에서 어떤 길이 옳은지 판단하는 것이 여전히 어렵습니다."

만장이 정곡을 찔렀다. 맹자 역시 양 갈래에서 고민했고, 어머니의 결단이 있어 관직을 버리는 길을 선택했다.

"안사람 일도 그렇고, 또 제나라에서 처신도 그렇고 당시 내 학문이 얕았다. 하나만 고집하고 전체를 보지 못했다. 불변하는 상도(常道)가 있다면, 상황에 따라 상도를 벗어나는 권도(權道)도 있다. 아녀자가 늘 몸가짐을 바르게 해야 한다는 것이 상도라면, 상도와 어긋나지만 안방에서는 편한 차림으로 있어도 좋은 것이 권도이다. 효는 모든 행실의 근본이고 반드시 지켜야 하는 상도이므로 무엇보다 우선되지만, 부모님의 허락이 있다면 잠시 상도를 비켜 부모님을 봉양하지 못하더라도 관직을 버리는 것이 권도이다. 상도도 알고 권도도 알아야 한다. 상도를 모르고 권도만 알면 기준이 서지 않아 제멋대로 행동하고, 권도를 모르고 상도만 알면 고루한 고집불통이 된다. 당시 나는 상도만 알았지만, 어머니가 깨우쳐 주셨다."

맹자가 말을 마치자 만장이 기다렸다는 듯이 나선다.

"하오면, 부모가 뛰어나야만 선생님 같은 분이 될 수 있습니까?"

"그렇지 않다. 사람은 누구나 성인이 될 수 있다. 순임금은 고집이 세고 사나운 부모를 두고도 성인이 되셨다. 아비와 계모는 순임금을 여러 차례 죽이려 했다. 동생도 형을 죽이고 형수를 뺏으려 했다. 그러나 순임금은 만백성이 사랑하는 성군이 되시지 않았느냐? 내 누누이 일렀듯 사람은 누구나 성인이 될 수 있다. 하늘이 주신 착한 본성을 실천만 하면 된다. 공자께서 제일 아낀 제자 안연도 나와 같은 말씀을 하셨다. 내 말을 의심하지 말고 하늘이 주신 양심의 소리를 듣고 따르라!"

만장은 물러나면서 표정이 밝아졌다. 자신에게서 새로운 가능성을 발견한 것이다. 초가을, 역산에는 밤이 빨리 찾아왔다. 만장은 가슴에서 별이 반짝이는 것을 느꼈다. 인간의 본성, 그 착한 본성의 별이다.

3

차마 하지
못하는 마음

찬 것은 기울고 기운 것은 차듯, 영원한 평화도 영원한 전쟁도 없다. 일치일난(一治一亂, 한 번 다스려지면 한 번 어지러워진다), 그것은 자연의 섭리이다. 탕 임금이 세운 상(商)나라는 평화와 번영을 누리다 주왕(紂王)이 절세미인 달기(妲己)에게 빠져 포학하고 가혹한 정치를 거듭하자 민심이 등을 돌렸다. 하늘은 민심을 읽고 새로이 천명을 내린다. 주(周)나라 문왕(文王)이 하늘의 명을 받았다. 문왕이 창업의 기반을 닦았고 아들 무왕(武王)이 대업을 완성해 주나라를 건국했다. 역사가 늘 반복하듯 주나라 초기도 평화로운 치세의 시대였다. 치세 끝에는 늘 난세가 찾아온다. 주나라 유왕(幽王) 역시 포사(褒似)라는 미인을 곁에 두었다. 나라의 운이 기울 때 왕은 정치보다 다른 곳에 관심을 쏟는다. 국내 정치도 돌보지 않고 변방에서 오랑캐들이 세력을 키워도 대비하지 않았다. 오랑캐가 국경을 넘자 귀족들은 유왕을 살해하고 아들 평왕(平王)을 내세웠다. 평왕은 주나라의 수도를 호경에서 낙읍으로 옮겼다. 낙읍은 호경에서 동쪽이다. 수도를 옮기기 이전을 서주(西周)라고 그 이후를 동주(東周)라고 한다. 동주는 기원전 256년, 난왕(赧王)이 진(秦)에 항복하면서 역사 속으로 사라졌다.

동주 시대를 달리 춘추 전국 시대라고 부른다. 주나라가 낙읍으로 천도하자 중앙 정부의 힘은 급속히 약해지면서 여기저기 각 지역에서 일어난 인물들이 땅을 나누어 차지하고 굳게 지켰다. 주나라는 넓은 중원을 효율적으로 다스리려고 각 지역에 왕족이나 공신을 보내 다스리게 했다. 이들이 곧 제후[7]였다. 지방을 다스리는 제후는 세력이 막강하더라도 여전히 신하였다. 중원을 재패한 왕은 오직 한 명뿐이었다.[8]

한때 중원을 호령하던 진(晉)나라도 위기를 맞았다. 진의 귀족이었던 한씨, 위씨, 조씨가 나라를 나눠 가졌다. 이를 삼가분진(三家分晉)이라고 한다. 낙읍 천도부터 삼가분진까지를 '춘추 시대'라고 하고 삼가분진에서 진시황이 중원을 재통일할 때까지를 '전국 시대'라고 한다.

삼가분진하자 중원은 술렁이기 시작했다. 힘만 있으면 누구든 왕위에 오를 수 있는 것이다. 무력이 명분과 도덕을 제압했다. 진과 인접한 제나라도 영향을 받았다. 무왕이 주나라를 창업할 때 강태공(姜太公)의 공이 가장 컸기에, 무왕은 산동(山東) 땅을 그에게 내려 줬다. 산동의 제나라는 소금과 철이 풍부하고 농토가 비옥하다. 제나라는 막강한 경제력을 바탕으로 문화도 같이 꽃피웠다.

제후국은 엄밀히 말하면 국가가 아니었다. 국가는 오직 천자의 나라만 해당됐고, 제후국은 그저 나라 안의 한 지역에 가까웠지만 각 제후국마다의 자치권이 컸기에 똑같이 '나라'로 불렸다. 강태공 이후로 제나라는 대대로 강(姜)씨의 나라였다. 흥하면 반드시 쇠하는 법. 환공(桓公) 시절에 중원을 제패한 제나라도 강왕(姜王)에 이르러서는 쇠락의 길을 걸었다. 그때 신하 전화(田和)가 민심을 등에 업고 왕위를 찬탈했다. 강씨의 나라였던 제나라는 이제 전(田)씨가 차지하게 됐다. 강씨가 주인이던 때를 강제(姜齊)라고 하고 이후를 전제(田齊)라고 부른다.

전제는 위왕(威王) 때 이르러서 최고 전성기를 맞았다. 위왕은 본래 술과 여색을 좋아했다. 왕위에 오르자 모든 정치를 대부에게 맡기고 밤낮 술독에 빠져 살았다. 왕이 정사를 돌보지 않자 관리들은 제 잇속을 채우기 바빴다. 가혹한 세금에 시달린 백성은 고향을 버리고 유랑하거나 도적이 되었다. 관리의 창고는 곡식이 썩어 나가는데 들판에 굶어 죽은 시체가 가득했다. 시체를 먹은 까마귀 떼만 살쪄 날지도 못할 지경이었다. 나라 안의 기강이 무너지자 이웃 나라에게 좋은 먹잇감이 되었다. 노나라, 위나라, 조나라가 야금야금 제나라를 잘라 먹었다.

탐욕스러운 신하들은 아무도 왕을 막지 않았다. 왕이 정치를 멀리할수록 저들은 오히려 쉽게 욕심을 채울 수 있었다. 그렇게 9년이

쏜살같이 흘러갔다. 난국을 가만히 지켜보던 순우곤이 이때 나섰다. 그는 7척(약 155cm) 단신의 추남이었다. 노비의 아들이라는 소문도 있었다. 위왕은 수수께끼를 좋아했다. 순우곤은 왕의 표정을 살피다 어렵사리 말을 꺼냈다.

"큰 새가 궁궐에 내려앉더니 9년 동안 날지도 않고 울지도 않는다고 하는데 왕께서는 이 새를 아십니까?"

위왕은 잠시 멈칫하더니 크게 웃어 제쳤다.

"과연! 순우곤 그대요!"

순우곤은 사람 보는 눈이 있었다. 손빈을 위나라에서 데리고 와 추천한 것도 순우곤이었다. 순우곤은 왕의 그릇을 알아보았다. 위왕은 수수께끼의 의미를 단박에 알아차렸다.

"그 새는 날지 않았을 뿐이지 한번 날았다 하면 하늘을 뚫을 것이고, 울지 않았을 뿐이지 울었다 하면 세상 사람을 놀라게 할 것이요!"

능력은 있지만 때를 기다렸다는 뜻이다. 순우곤은 왕의 심기를 건드리지 않고 수수께끼로 왕의 마음을 움직였다. 왕도 순우곤 같은 충신을 기다렸다. 위왕은 즉시 산동의 동쪽에 위치한 즉묵(即墨)을 다스리는 책임자를 소환했다.

"그대가 즉묵을 다스리는 동안 과인은 늘 그대에 대한 험담을 들었다. 은밀히 즉묵을 감찰하게 했더니 현실은 험담과 달랐다. 농지는 잘 개간됐고, 물산도 풍부했다. 관청에는 밀린 일이 없고 국경 수비도 탄탄했다. 그대 덕분에 적국이 우리나라 동쪽을 넘보지 못했다. 그래서 백성은 편안히 생업에 종사하면서 태평성대를 누렸다. 소문이 현실과 달랐던 것은 그대가 과인 곁의 신하에게 뇌물을 주지 않아서이다."

그 자리에서 즉묵 대부에게 식읍 만 호를 내렸다. 위왕은 이번에는 아읍(阿邑) 대부를 궁궐로 불러들였다.

"네가 아읍을 맡고서는 늘 좋은 소리만 들리더라. 몰래 조사했더니 농지는 황무지처럼 변했고, 백성은 가난에 시달려 울부짖는다 하더군. 얼마 전 조나라가 공격해도 방어하지 않았고 위나라가 설릉(薛陵)을 침탈해 가도 넌 그 사실조차 몰랐다. 네가 과인 곁의 신하에게 뇌물을 먹여서 그렇다."

위왕은 호위병에게 명령을 내렸다.

"저놈을 가마솥에 삶아라! 저놈이 관리를 잘한다고 보고한 놈들도 모두 삶아 죽여라!"

자리에 있던 신하들은 모두 고개를 숙이고 몸을 움츠렸다. 이일로 위왕은 단번에 왕의 권위를 확보하고 조정을 장악했다. 위왕은 여세를 몰아 곧바로 인사를 단행했다. 추기(鄒忌)를 재상, 전기를 장군, 손빈을 군사로 등용했다. 국내 정치를 안정시키고는 곧 잃어버린 국토를 회복하려 병마를 국경으로 진격시켰다. 손빈의 지략으로 계릉과 마릉에서 위나라를 상대로 대승했다.

또 제나라의 수도였던 임치(臨淄)의 성문인 직문(稷門) 부근에 아버지 환공 시절보다 더 크게 학궁(學宮)을 지었다. 그러고는 각국의 인재를 불러 모았다. 중원의 인재는 모두 이 '직하 학궁'으로 모여들기 시작했다. 왕은 이들에게 상대부에 준하는 녹봉을 주면서 오직 학문에만 전념하도록 배려해 줬다. 직하 학궁은 중원의 학술 중심지가 되면서 한때 수천 명 이상이 상주하며 학문에만 전념했다. 이들 중에는 때론 직접 관직에 나가는 이들도 있었다. 위왕은 직하 학궁의 관리를 순우곤에게 맡겼다. 맹자도 서른 중반에 직하 학궁에서 유학했다. 당시 순우곤은 직하 학궁의 총책임자인 '좨주(祭酒)'였고, 그는 맹자의 그릇을 알아보고 자주 토론을 벌였다. 맹자는 직하 학궁에서 중원의 다양한 사상과 학문을 흡수하고 자기만의 학설을 다듬었다.

맹자가 다시 제나라를 찾은 것은 위왕의 아들 선왕(宣王)이 제위할 때였다. 맹자는 양나라의 혜왕이 죽자 곧 그곳을 떠났다. 혜왕의 아들 양왕에게는 기대할 것이 없었기 때문이다. 그때 제나라의 선왕은 맹자의 명성을 듣고 몇 번이고 양나라로 사자를 보냈다. 맹자는 선왕이 극진한 예를 갖추자 낙향하려는 마음을 접고 제나라 임치로 향했다. 선왕은 친히 궁궐 밖까지 나와 맹자를 맞았다. 선왕은 스승을 모시듯 절을 했다. 맹자는 선왕의 눈빛을 찬찬히 살폈다. 그때 공손추가 멀리서 이 광경을 지켜보고 있었다. 공손추는 맹자에게서 특별한 기운을 느꼈다.

선왕은 맹자를 설궁(雪宮)에 모셨다. 하루는 맹자가 주변 경치를 둘러보는데 선왕이 찾아왔다. 선왕이 물었다.

"춘추 시대 중원의 패권을 잡은 제나라의 환공이나 진나라의 문공께서 하신 일을 배울 수 있겠습니까?"

맹자는 한동안 말이 없었다. 선왕은 혹시 질문이 틀렸나 싶어 당황했다.

"공자 문하에서는 환공이나 문공의 일은 거의 공부하지 않습니다. 전하는 이야기가 별로 없어 저 역시 배우지 못했습니다. 정녕 듣고 싶으시다면 차라리 왕도(王道)에 대해서 말씀드리고자 합니다."

선왕은 안도의 숨을 내쉬면서 말을 이었다.

"자질이 어떠해야 왕도 정치를 할 수 있습니까?"

"진정 백성을 아낀다면 왕도를 아무도 막지 못합니다."

"과인 같은 인물도 백성을 진정으로 보살필 수 있습니까?"

맹자는 왕의 눈을 잠시 응시했다. 눈빛이 맑고 선했다.

"가능합니다."

왕의 얼굴에 웃음이 퍼졌다.

"제가 할 수 있는지 어떻게 아십니까?"

맹자는 며칠 전 선왕의 신하 호흘(胡齕)이 한 이야기를 떠올렸다.

하루는 선왕이 집무를 보다 쉬며 문 밖을 바라보고 있었다. 마침 소를 끌고 가는 자가 있었다. 왕이 물었다.

"소를 어디로 끌고 가느냐?"

그 자가 대답했다.

"흔종(釁鐘) 의식을 치르러 갑니다."

흔종은 종을 새로 만들 때 짐승 피를 발라 액땜하는 의식이다. 왕이 진저리치며 몸을 흔들었다.

"놓아주어라! 짐승도 제 죽는 줄 알아 저렇게 벌벌 떠는데 차마 못 보겠다."

"그러시면, 흔종을 폐지할까요?"

선왕이 고개를 저었다.

"흔종 예식을 없앨 수는 없다. 소 대신 양을 써라."

맹자가 들은 대로 왕에게 전하면서 되물었다.

"실제 이런 일이 있었습니까?"

왕은 주저하며 대답했다.

"그렇습니다만."

맹자는 바로 말을 받았다.

"이 마음이면 충분히 왕도를 펼칠 수 있습니다. 왕이 제물을 아낀다고 수군대는 백성도 있지만, 저는 왕께서 생명을 사랑하는 마음을 잘 알고 있습니다."

왕이 빙그레 웃었다.

"그렇겠군요. 제가 인색하다고 볼 수도 있겠군요. 우리나라가 아무리 작더라도 소 한 마리 정도를 아까워하겠습니까? 죄 없이 벌벌 떨면서 사지로 끌려가는 모양이 애처로워서 그랬지요."

"왕께서는 백성이 그렇게 생각해도 이상타 마소서. 소를 양으로 바꾼 까닭을 저들은 알지 못합니다. 소와 양이 무슨 차이가 있습니까?"

"저도 무슨 마음에서 그렇게 했는지 잘 모르겠습니다. 저도 그러니 백성이 인색하다고 생각하는 것도 당연하겠군요."

"상심하지 마십시오. 저들이 몰라서 그렇습니다. 왕께서는 소는 직접 보았지만, 양은 보지 못했습니다. 인정(仁政)은 바로 여기서부터 시작합니다. 군자는 미물인 금수라도 산 것을 보았다면 죽어 가는 것을 차마 못 보며, 죽어 가면서 울부짖는 소리를 듣는다면 차마 그 고기를 먹지 못합니다. 그래서 군자는 도살장을 멀리 합니다."

비로소 왕은 마음이 풀렸다.

"'타인의 마음을 헤아린다'라는 노래가 있지요. 마치 선생님을 가리키는 것 같아요. 제가 양으로 바꾸라고 해 놓고서도 왜 그랬는지 정확히 몰랐습니다. 선생님이 설명해 주시니 답답했던 것이 확 풀렸습니다. 그런데 이 마음으로 어찌 왕도를 실현할 수 있습니까?"

"이렇게 말하는 자가 있습니다. '3천 근 나가는 철근을 들지만 새 깃털 하나는 못 들고, 추호(秋毫, 짐승의 가는 털)는 보지만 장작더미는 못 본다.' 왕께서는 이 사람 말이 타당하다고 봅니까?"

왕은 고개를 저으며 대답했다.

"앞뒤가 맞지 않지요."

"그럼, 짐승은 그렇게 애처로워하시면서 그 마음을 왜 백성에게는 쓰지 않습니까? 깃털을 못 든다는 것은 힘이 없는 것이 아니라 힘을 쓰지 않는 것입니다. 지금 왕께서 백성을 보듬지 않는 것은 마음을 못 쓰는 것이 아니라 마음을 쓰지 않는 것입니다. 지금 왕께서 왕도 정치를 못한다고 하시는데, 이는 못하는 것[불능 不能]이 아니라 안 하는 것[불위 不爲]입니다."

"불능(不能)과 불위(不爲)의 차이는 무엇입니까?"

"태산을 겨드랑이에 끼고 발해(渤海)를 뛰어넘으라 할 때 '나는 못 합니다'라고 하면, 진정 못하는 것입니다. 어른께 안마해 드려라 할 때 '나는 못합니다'라고 하면, 못 하는 것이 아니라 안 하는 것입니다. 지금 왕께서 왕도를 못한다고 하셨는데, 안 하는 것이지 못하는 것이 아닙니다. 끌려가는 소를 보셨을 때 마음으로 백성을 대하소서. 내 집안 어른을 대하 듯 남의 집안 어른을 모시고, 내 자식 키우 듯 다른 집 자식을 대해야 합니다. 이런 마음으로 백성에게 은혜를 베푸시면 천하를 손바닥 위에 올려놓은 것처럼 쉽게 다스릴 수 있습니다."

왕이 묵묵히 듣고 있자 맹자가 계속 말했다.

"옛 성인이 보통 사람보다 뛰어난 점은 다른 데 있지 않습니다. 자신의 마음으로 타인의 마음을 헤아리고 실천했을 뿐입니다. 사람 마음은 모두 똑같습니다. 고생을 싫어하고 안락을 좋아합니다. 사지로 끌려가는 소에게서 느꼈던 불인지심(不忍之心, 차마 하지 못하는 마음)으로 백성의 마음을 헤아리소서!"

왕은 부끄러운 듯 얼굴이 붉어졌다. 한참 뜸을 들이다 간신히 말을 꺼냈다.

"과인이 아직 어리석어 인정을 베풀지 못했습니다. 제가 재주는 없지만 열심히 배우겠습니다. 가르쳐 주십시오!"

"항산(恒産, 안정된 재산)이 없어도 항심(恒心, 바른 마음)을 지키는 것은 진정한 선비만 가능합니다. 보통 사람은 안정된 재산이 없으면 마음을 지키지 못하고 무너집니다. 먹고 살려고 발버둥 치다 결국 죄를 짓고 맙니다. 왕이 정치를 잘못해 백성은 죄를 지게 되었으니 본래 죄인은 백성이 아니라 왕입니다. 진정 어진 왕이라면 어찌 백성이 죄를 짓도록 가만 내버려 두겠습니까? 현명한 군주라면 먼저 백성을 먹고 살게 해 줍니다. 부모를 모시고 자식을 양육하는 데 큰 어려움이 없어야 합니다. 풍년에는 배불리 먹지만 흉년이 들더라도 굶어 죽는 일이 없어야 합니다. 그리고 가르쳐 바른 길로 이끌어야 합니다.

그러면 왕도는 저절로 펼쳐집니다. 지금 실정은 어떻습니까? 풍년에도 세금으로 다 뺏겨 여전히 가난하고, 흉년에는 굶어 죽는 시체가 즐비합니다. 이런 상황에서 어찌 착하게 살라고 가르칠 수 있겠습니까? 왕도는 여기서부터 시작합니다."

맹자의 말이 길었지만, 선왕은 진지하게 경청했다. 선왕은 맹자의 말에 크게 느끼는 바가 있었고, 맹자도 선왕의 태도를 높이 평가했다. 그러나 선왕은 듣기만 했지 맹자 사상을 실정에 반영하지는 못했다. 전국 시대에는 생사를 가르는 전쟁이 빈번했다. 중원의 군주 대부분은 맹자 철학이 현실과 동떨어진 이상일 뿐이라고 생각했다. 무력만으로 상대를 제압하려고 전쟁 준비에만 매달렸다. 맹자는 답답했다. 빠르고 정확한 길을 가르쳐도 군주들은 외면했다. 제나라에서 7년을 머물면서 왕을 설득했지만 선왕은 맹자를 존경할 뿐 현실 정치에 적용하지 않았다. 맹자도 서서히 선왕에게서 마음이 멀어졌다.

[7] 제후(諸侯): 봉건 시대에 일정한 영토를 가지고 그 영내의 백성을 지배하는 권력을 가지던 사람.

[8] 이 시대에는 제(齊)나라 환공(桓公), 진(晉)나라 문공(文公), 송(宋)나라 양공(襄公), 초(楚)나라 장왕(莊公), 진(秦)나라 목공(繆公) 등이 번갈아 중원의 패권을 잡았다. 이를 일러 춘추오패(春秋五霸)라고 한다.

차마 하지
못하는 마음

3

4

선왕을 떠나다

공손추가 왜 제나라를 떠났느냐고 묻자 맹자가 무겁게 입을 열었다.

"어느 날, 심동(沈同)이라는 자가 찾아왔다. 사적으로 왔다고 하지만, 선왕이 보냈을 것이다. 내란을 틈타 연(燕)나라를 치면 어떠냐고 물었다."

공손추는 제나라 사람이라 스승이 계속 머물렀으면 했다. 맹자는 연나라 상황을 먼저 설명하면서 제나라 선왕과 있었던 일을 들려줬다.

연나라는 소공(召公) 석(奭)이 분봉[9]받은 제후국이다. 소공은 무왕, 주공의 형제로 모두 주나라를 창건한 문왕의 아들이다. 연나라는 제나라와 조나라 북쪽에 있었고, 동쪽으로 발해(渤海)라는 바다가 있었다. 중원과 떨어져 있어 북방 이민족 침입만 없으면 비옥한 농토, 풍부한 해산물로 번영을 누렸다.

맹자가 제나라에 머물 무렵 연나라는 쾌(噲)라는 왕이 다스리고 있었다. 당시 진(秦)이 중원 최강국으로 부상하고 있어 나머지 6국은 모두 진을 두려워했다. 이 틈을 타 소진(蘇秦)이 중원을 누비며 합종책[10]을 성사시켜 중원은 잠시나마 평화로웠다. 진과 연합한 6국은 힘이 대등했다. 이를 깨트린 것이 소진과 같이 귀곡 선생에게 배운 장의(張儀)였다. 장의는 6국 연합을 무너뜨리고 각 나라가 진을 섬기면 침략하지 않겠다는 연횡책[11]을 썼다. 중원은 요동치기 시작했다. 이때 연나라 재상인 소진은 연왕 쾌의 할머니인 문왕 부인과 사통하다 들켜 제나라로 도망쳤다. 쾌는 즉위하자마자 자객을 보내 소진을 암살했다.

연나라 쾌왕은 본래 성격이 소탈했다. 가무나 술을 별로 좋아하지 않았고 궁궐도 호화롭게 짓지 않았다. 사치나 부귀도 싫어했다. 정원을 가꾸거나 논밭에 나가 직접 농사지었다. 그런데 잦은 전쟁 탓에 사방에서 통곡 소리가 그치지 않는 전쟁의 시대에는 어울리지 않은 성격이었다. 왕의 자질로서 실격이었다. 쾌왕은 매일 살얼음판 같은 정치를 달가워하지 않아 재상 자지(子之)에게 모두 맡겨 버렸다. 자지는 영악한 인물이었다. 정적인지 아군인지 명확히 구분하여 적이면 척살하고, 마음 놓고 부리거나 일을 맡길 수 있는 사람만 곁에 두었다. 자지는 술수가 능하고 잔인했다. 적에게는 어김없이 자객을 보냈다. 바른 소리를 하는 사람은 곧 소리 없이 사라졌다. 소진이 연나라 재상일 때에는 그와 사돈을 맺어 권력의 배경을 만들었다. 신하로서 최고의 자리에 올랐지만 욕심이 끝이 없었다. 소진이 죽고 얼마 뒤 동생 소대(蘇代)가 제나라에서 사신으로 연나라에 왔다. 자지는 재빨리 소대와 사돈을 맺자고 제안해 성사시켰다. 등 뒤에서 비수를 꽂는 이들은 남을 믿지 않는 법이다. 혼인보다 단단한 맹약은 없다. 자식을 볼모로 보내면서 자지는 소대와 은밀히 속삭였다. 소대는 이튿날 쾌왕을 알현하러 궁으로 향했다.

쾌왕은 본래 정치를 좋아하지 않는 데다가 합종과 연횡을 거듭하는 국제 정치에 신물이 났다. 다만 왕의 신분이라 할 일을 할 뿐이었다. 소대가 예를 마치자 쾌왕이 의례적으로 물었다.

"제나라 왕은 어떤 인물인가?"

제나라 위왕이 즉위한 지 몇 년이 지난 때였다. 소진을 때를 놓치지 않았다.

"평범하다 못해 용렬합니다."

쾌왕은 깜짝 놀랐다. 사신으로 와서 자신이 모시는 왕을 헐뜯은 것이 아닌가. 쾌왕은 다그쳐 물었다.

"신하로서 어찌 그런 말을 하는가?"

"공자께서 말씀하셨습니다. '의심하면 쓰지 말고, 등용하면 의심하지 마라!' 제왕이 대신을 믿지 않고 권력을 주지 않아 국정이 마비될 지경입니다."

쾌왕은 덜컥 겁이 났다. 자신도 똑같은 평가를 받을 것 같았다. 쾌왕은 어질었지만 총명하지 못했다. 쾌왕은 재상인 자지에게 권한을 더 주어야겠다고 결심했다. 소대가 물러나는 찰나 은사 녹모수(鹿毛壽)가 알현을 청했다. 녹모수는 숨은 현자로 알려졌지만 실상은 그렇지 않다. 수양이나 수련도 하지 않으며 세속을 기웃거리며 권력자에게 아부하는 인물이었다. 자지의 손길은 이미 녹모수에게까지 뻗쳐 있었다. 쾌왕은 사람을 잘 믿었다. 고운 심성이었으나 지혜가 따르지 못했다. 어진 심성을 지키려면 반드시 공부해야 하고, 공부해야 심성이 더 고와진다.

"대왕께서는 후세에 좋은 평판을 받고 싶습니까? 길이 있습니다."

쾌왕은 솔깃해 한발 다가섰다. 녹모수는 잠시 눈을 감았다 떴다.

"요(堯)임금처럼 하십시오. 요임금은 허유(許由)가 덕망이 높다하여 천하를 넘기려 했습니다. 허유는 천하를 받지 않고 숨어 버렸습니다. 요임금은 허유를 잘 알고 있었던 것이지요. 실제 천하를 넘길 마음이 없으면서도 넘기려는 척한 것입니다. 요임금은 어진 사람에게 천하를 맡겼다는 평판을 얻고, 또 실제로 천하를 잃지 않았습니다. 지금 대왕께서 자지에게 왕위를 물려주시면 자지도 감히 받지 못할 것입니다. 그럼 대왕께서 요임금과 어깨를 나란히 하실 수 있습니다."

녹모수는 달변이었다. 거짓말이 진실보다 더 화려하고 달콤하다. 요임금은 실제 천하를 허유에게 맡기려 했고, 허유는 천하에 욕심이 없어 받지 않았을 뿐이다. 요임금은 결국 효성이 뛰어난 순임금에게 천하를 맡겼다. 자신의 아들이 아닌 현명한 이를 후계자로 삼는 것을 선양(禪讓)이라고 한다. 선양은 요임금부터 시작한 것이다.

녹모수에 속아 연왕은 자지에게 임금의 자리를 물려주려고 했다. 자지는 받지 않았다. 대신 왕과 진배없는 권력을 손에 쥐게 되었다. 자지는 만족하지 않았다. 곧 다른 사람을 왕에게 보냈다.

"우(禹)임금은 수령이던 백익(伯益)에게 천하를 물려주려 하면서도 아들 계(啓)의 주변 인물을 관리로 발탁했습니다. 이것은 큰 실책이었습니다. 왕자 계와 일당들은 백익을 습격해 척살해 버렸습니다. 우임금은 백익에게 선양했다는 명성을 얻었지만 실제는 아들이 그의 권력을 빼앗았습니다. 우임금이 관리를 잘못 등용한 탓이지요. 세상 사람들은 우임금을 비난합니다. 지금 대왕께서는 나라를 자지에게 맡겼는데, 고위 관료는 여전히 태자 쪽 인물입니다. 우임금과 똑같이 악평을 들을 것입니다."

이 역시 지어낸 말이었다. 쾌왕은 후세에 쏟아질 비난이 두려웠다. 곧바로 관리 임명권을 모두 자지에게 넘겨줬다. 자지는 왕이 되고 연왕 쾌는 신하가 되었다. 연왕은 요임금 같은 성군이 아니었고, 자지는 순임금 같은 효자도 아니었다. 선양을 흉내만 내었을 뿐 진정한 선양은 아니었다. 정당한 절차를 따르지 않는 불의는 늘 혼란을 부른다. 자지가 정권을 장악하자 곳곳에서 부당한 선양에 비난하며 반란이 일어난다. 순리대로라면 태자 평(平)이 보위에 올라야 했다. 태자가 가장 불만이 컸다. 장군 시피(市被)와 모의해 자지를 공격했다. 계략으로 왕위를 찬탈한 자지와 태자는 왕위를 두고 연일 전투를 벌였다. 장군 시피는 궁궐을 공격하다 실패하자 오히려 태자를 공격했다. 누가 적인지 아군이지 모를 정도로 연나라는 혼란에 빠졌다. 이웃 제나라에서 이 상황을 주시했다. 장수들이 선왕을 설득했다.

"내란을 틈타 지금 연나라를 공격하면 쉽게 이길 수 있습니다."

제나라 왕도 승전을 확신했지만 명분이 정당한지 맹자에게 자문을 구하러 이때 심동을 보낸 것이다. 심동은 맹자가 정벌해도 좋다고 했다고 전했다. 선왕은 군대를 급파했다. 제나라의 군대는 파죽지세로 단 50일 만에 연나라를 평정했다. 만약 쾌왕이 순리대로 아들에게 왕위를 물려주었으면, 제나라가 쳐들어올 명분이 없었다. 제나라도 명분 없이 함부로 법석을 떨 수도 없었다. 동쪽에서는 한·위·조, 남쪽에서는 초나라가 제나라 뒤를 호시탐탐 노렸다. 제나라가 허점을 보이면 바로 치고 올 기세였다. 그들에게도 명분이 필요했다. 전국시대에는 각국이 물고 무는 관계라 명분 없는 출정은 적국에게 빌미를 쥐어 주는 꼴이었다.

제나라가 처음 출병했을 때 제후국들은 모두 제나라를 지지했다. 연나라는 결국 신하가 왕위를 찬탈한 형국이라 응징해야 했다. 이는 자신의 나라에서도 있을지 모를 역모를 방지하려는 속내였다. 제나라 군대는 연나라를 평정하자 명분은 사라지고 악마로 돌변했다. 궁궐을 불태우고 보물을 훔쳐 가고 곡식을 약탈했다. 무고한 장정을 죽이고 부녀자를 겁탈했다. 처음에는 연나라 백성도 제나라 군대를 정의롭다고 반겼다. 제나라 군대가 약탈자로 변하자 민심이 떠나기 시작했다. 제후국들도 제나라의 만행을 성토하면서 출병 준비를 서둘렀다. 선왕은 황급히 맹자를 찾았다.

"제후국이 연합해 과인을 치려고 합니다. 어찌 해야 합니까?"

맹자는 못마땅했다.

"전에 말씀드렸듯이 민심을 따랐다면 이런 변고가 있었겠습니까? 하늘은 백성의 원성을 저버리지 않습니다."

묘책을 기대했던 선왕도 실망했다.

"선생께서 연나라 자지(子之)가 불의하니 쳐도 된다고 하시지 않았습니까?"

"불의를 응징하는 천리(天吏)가 아닌 어찌 도둑놈이나 살인자를 보내셨습니까?"

선왕의 얼굴이 일그러졌다. 맹자도 기가 올라 숨을 가쁘게 쉬었다. 둘 사이에 처음으로 균열이 생겼다. 한동안 침묵이 흘렀다. 맹자는 하늘을 하염없이 바라보고 선왕은 고개를 떨어뜨렸다.

"옛날에 탕임금은 사방 70리 땅으로 천하를 호령했습니다. 지금 제나라는 사방 1,000리가 넘습니다."

맹자가 어렵게 말을 꺼내자, 선왕은 맹자를 물끄러미 바라봤다.

눈이 붉다. 맹자가 말을 이었다.

"탕임금 시대에 갈(葛) 땅의 제후가 세금을 가혹하게 거두었는데, 심지어는 백성이 하늘에 제사 올린 음식도 뺏었다고 합니다. 탕임금은 먼저 갈을 정벌했습니다. 백성의 원성을 듣고 탕임금이 군대를 움직였으니 천하가 모두 탕임금을 믿고 따랐습니다.《서경(書經)》에는 이런 기록이 있습니다. '탕임금이 동쪽을 정벌하면 서이(西夷) 백성은 기다렸고, 남쪽을 정벌하면 북적(北狄) 백성도 빨리 오시길 기다렸다. 왜 우리에게 먼저 오시지 않나!' 백성이 탕임금을 기다리는 것이 마치 가뭄에 비구름을 바라는 것과 같았다 합니다. 탕임금 군대가 도착해도 상인들은 평소처럼 장사를 했고, 농사꾼은 평소처럼 밭을 갈았습니다. 탕임금이 폭군을 처단하고 백성을 위로하자 단비를 만난 듯 좋아했습니다. 탕임금이 불의를 응징하고 정의를 세웠기 때문입니다."

선왕의 얼굴이 벌겋게 달아올랐다. 맹자는 틈을 주지 않고 몰아붙였다.

"지금 연나라 쾌왕은 가혹한 정치를 하여 왕께서 징벌하려 출병하시니 연나라 백성은 물에 빠진 처지를 구해 준다고 생각하여 소쿠리에 밥을 담고 호로병에 물을 담아 제나라 군대를 환영했습니다. 그런데 제나라 군대가 노인을 참혹하게 죽이고, 장정은 포로로 잡아가면서 연나라 종묘를 불태우고 보물을 훔쳐갔습니다. 연나라 백성이 어떻게 생각하겠습니까? 지금 천하가 제나라를 주시하고 있습니다. 제나라는 이미 강성한데도 연나라까지 병합하면 국토가 두 배 이상 넓어집니다. 그들에게는 우환이겠지요. 그런데도 왕께서는 인정을 베풀지 않고 약탈만 일삼고 계십니다. 연나라 백성은 등을 돌릴 것이고, 제후들에게는 명분을 만들어 주는 꼴입니다. 왕께서는 속히 명령을 내리십시오. 포로를 송환하고 보물을 돌려보내십시오. 연나라 민심을 살펴 마땅한 사람을 군주로 세우고 바로 철병하십시오. 그럼 제후국은 명분이 사라져 회군할 것입니다."

선왕은 확답하지 않고 물러났다. 선왕은 이 기회를 빌려 연나라를 완전히 병합하고 싶었다. 철병을 차일피일 미루면서 힘으로 연나라 백성을 누르려 했다. 그사이 연나라 백성은 태자 평을 임금으로 받들어 모셨고, 제나라에 거세게 저항했다. 사태를 관망하던 맹자는 선왕에게 마지막으로 충고하려 집을 나서려 하는데, 선왕의 시자가 설궁에 와서 아뢰었다.

"과인이 찾아뵙고자 했으나 오늘 감기가 심해 바깥출입이 어렵습니다. 선생님께서 조정에 오시면 제가 나가겠습니다. 조정에서 뵐 수 있는지요."

선왕은 늘 맹자가 있는 설궁으로 찾아왔었다. 맹자는 변화를 직감했다. 심부름꾼에게 일렀다.

"가서 전하라. 오늘은 나 역시 병이 있어 조정에 갈 수 없다!"

이튿날 맹자는 대부 동곽씨 집을 문상하라고 공손추에게 일렀다. 공손추는 머뭇거리며 말했다.

"어제 병이 있어 외출 못한다고 했는데 오늘 문상 가시면 왕이 의심하실 것입니다."

"어제 아팠고, 오늘 병이 나았으니 문상 가는 게 무엇이 이상하나!"

맹자는 표정 없이 말했다. 맹자가 조문 갔다 오는데 심부름꾼이 헐레벌떡 뛰어와 맹자의 사촌 형제인 맹중자(孟仲子)의 소식을 전했다.

"왕의 사자가 또 왔으니 설궁으로 오지 말고 바로 조정으로 가라."

맹자가 조정에 나오지 않자 왕이 다시 사람을 보냈다. 왕이 직접 왔으면 맹자는 만날 생각이었다. 그런데 사자를 보내 자신을 오라고 하니 불쾌했다. 스승에 대한 예가 아니다. 왕명을 받고도 조정에 나가지 않으면 신하로서 불충이다. 맹자는 말머리를 돌려 평소 친분이 있던 경추(景丑)씨의 집으로 향했다. 경추는 제나라의 중신이었다. 맹자가 찾아오자 한편 반가우면서도 불만이었다. 경추는 퉁명스럽게 맹자에게 말을 건넸다.

"인륜을 따지자면 집에서 부자 관계, 집밖에서는 군신 관계가 제일 중요하오. 이 둘이 천지 대륜이 아닙니까? 부자 사이에는 은(恩), 군신 사이에서 경(敬)이 중요하지 않소. 제가 보기에 왕은 선생께 공경을 다하는데 선생은 왕을 공경하지 않는 것 같소!"

맹자가 반박했다.

"이 무슨 말씀이오! 제나라 사람들은 '인의(仁義)'의 도리를 왕께 진언하지 않는 것 같소. 이는 인의를 좋지 않다고 여겨서가 아니라, 왕은 인의를 논할 만한 인물이 아니라고 여겼기 때문이오. 이보다 큰 불경(不敬)이 어디 있소. 저는 요순의 도가 아니면 왕께 진언하지 않았는데, 제나라 사람 중에 나보다 왕을 공경하는 사람은 없소이다."

경추가 발끈하여 다시 공박했다.

"제 뜻은 그게 아니오! 예법을 따르자는 것이요.《예기》에서 '아버지가 부르면 바로 예라고 대답하고 바로 일어나며, 임금이 부르면 마차를 준비하기 전에 곧바로 달려가는 것이 예'라고 했소. 선생께서 본래 왕을 알현하려 했으면서도, 마침 왕명을 받고는 마음을 바꾸었소. 예법에 어긋난 것 같소."

맹자가 손을 휘젓고 나선다.

"군신의 예법이라면 응당 그래야겠지만, 나는 제왕의 신하가 아니오! 천하 사람 모두가 인정하는 존귀한 것이 세 가지 있소. 지위, 나이, 덕. 이 셋이오. 지위는 제왕이 높지만, 나이와 덕은 제왕이 나를 못 따르오. 존귀한 것 하나를 가진 이가 둘을 가진 이를 오라고 명령할 수 없소이다. 천하에 그런 예법은 없소이다."

경추는 수긍하는 듯 조용했다. 맹자가 다시 열변을 토했다.

"큰일을 이룬 임금에게는 함부로 부르지 못하는 신하가 반드시 있었소. 상의할 일이 있으면 임금이 몸소 행차했소. 덕을 존중하고 도를 즐기는 수준이 있어야 대업을 성취할 수 있소. 탕임금은 이윤(伊尹)에게 먼저 배우고 나중에 신하로 삼았소. 제나라 선조인 환공도 관중(管仲)을 이처럼 대했소. 그래서 탕임금과 제 환공이 천하 패권을 차지했던 것이오. 지금 천하를 보면 제후의 덕과 영토의 크기가 큰 차이가 없소. 이런 상황이라면 제후가 탕임금이나 환공 같은 덕을 지녔다면 단연 앞서 나갈 것이오. 그런 인물이 없고 모두 고만고만하여 이 생지옥 같은 전쟁이 끊이지 않는 것이오. 지금 제후에게 가장 큰 병폐는 아무 때나 불러도 오는 신하만 좋아하고 몸소 가서 배워야 하는 신하를 좋아하지 않는다는 점이오. 관중 같은 인물도 함부로 부르지 못했거늘! 하물며 나를……."

맹자는 서운하고 답답했다. 7년을 함께한 세월이 아쉬웠고, 끝내 인의와 대도를 모르는 왕이 답답했다. 대장부는 머물 자리가 아니면 곧바로 떠나야 한다. 맹자는 설궁으로 돌아와 왕에게 떠나겠다는 의사를 전했다. 새도 앉을 자리를 찾아 머문다 했다. 제자리가 아니면 명예는 물론이거니와 목숨도 위험하다. 선왕은 대부 시자를 통해 말을 전해 왔다.

"만약 선생께서 계속 머무시면 수도 임치 한가운데에 큰 학교를 짓고 선생님께 맡기겠습니다. 제자를 기르는 데 쓰시도록 곡식을 1년에 1만 종(鍾, 1종은 쌀 6말 4되)을 드리겠습니다. 제나라 모든 백성에게 반드시 선생을 배우고 본받도록 시키겠습니다."

맹자 얼굴에 쓴웃음이 짧게 스쳤다. 시자를 보낸 것도 예가 아닐 뿐더러 또 재물로 환심을 사겠다니 마음이 몹시 불편했다. 그동안 무엇을 왕에게 이야기했던가! 왕은 도대체 무엇을 듣고 있었던가!

"그대 정도라면 내 마음을 잘 알지 않을까 싶소. 내가 부귀를 바란다면 10만 종을 버리고 1만 종을 받겠소. 부귀에 욕심이 있다면 그렇게 하지 않겠지요. 나는 인의를 실천하는 왕을 만나 왕도를 구현하고 싶었을 뿐이오. 부귀란 뜬구름 같은 것……."

맹자는 말끝을 흐렸다. 맹자는 곧 제나라를 떠나 고향 추나라로 돌아갔다.

[9] 분봉(分封): 옛날 중국에서 천자가 땅을 나누어서 제후를 봉하던 일을 말한다.

[10] 합종책(合縱策): 소진의 주장으로, 서쪽의 진(秦)나라를 견제하기 위해 나머지 6국(조, 위, 한, 제, 연, 초)이 세로 방향으로 동맹을 맺어야 한다는 것으로, 6국의 생존에 부합하는 외교 정책이다.

[11] 연횡책(連橫策): 장의의 주장으로, 동쪽의 6국이 뭉쳐 진나라에 대응하는 것을 막기 위해 진나라는 6국을 흩어 놓고, 6국과 개별적으로 가로 방향으로 동맹을 맺어야 한다는 주장이다.

5

변하지 않는 도

선왕과 결별했을 때 맹자의 나이는 예순 살에 접어들고 있었다. 맹자는 쉰 살을 넘어서야 중원에 이름이 알려져 처음 양나라 혜왕의 초청을 받아 출사했다. 혜왕이 세상을 일찍 버려 기회가 없었고, 혜왕의 아들인 양왕은 천하를 품을 만한 재목이 아니었다. 그때 제나라 선왕이 사자를 보냈다. 이후 7년을 제나라에 머물면서 왕도 정치를 누차 진언했지만 받아들이지 않았다. 맹자는 떠나는 발걸음이 무거웠다. 애증이 교차하는 긴 세월이었다.

맹자는 제나라 임치에서 30리쯤 가다가 주(晝)에서 멈췄다. 더디게 가는 것이 왕에 대한 마지막 예라고 여겼다. 맹자가 여장을 풀자 어떤 이가 찾아왔다. 공손히 무릎 꿇고 맹자에게 제나라에 머물러 달라고 간청했다. 맹자가 책상에 기대어 듣는 둥 마는 둥 하자 그가 굳은 얼굴로 말했다.

"저는 선생님을 뵈려고 목욕재계하고서 감히 말씀을 드렸습니다. 그런데 선생님은 책상에 기댄 채 제 말을 듣지도 않으시는군요. 다시는 찾아뵙지 않을 작정입니다."

맹자는 정좌하고 말했다.

"앉아라. 내 연유를 설명해 주겠다."

그가 일어서려다 다시 앉았다. 맹자가 말을 이었다.

"무엇이 잘못인지 알려 주마. 옛날 노나라 목공이 자사(子思)를 극진히 섬겼는데, 행여 신하들이 자사를 잘 헤아리지 못할까 늘 노심초사였다. 노나라의 현인 설류(泄柳)와 신상(申祥)도 왕의 곁에서 왕의 마음을 잘 헤아리는 신하가 있는 걸 보고 역시 떠나지 않았다. 그대가 날 위한다면서도 목공이 자사를 모시는 것처럼 왜 하지 못하는가? 만류하려면 서로를 잘 아는 사람이 와야 한다. 그대는 내 마음도 왕의 마음도 모른다. 우선 선왕의 마음을 바꾸고 나서 날 찾아왔어야 했다. 내가 그대를 무시했는가! 그대가 나에게 무례하게 했는가?"

그는 더 이상 말을 잇지 못하고 떠났다. 만약 선왕이 친히 쫓아왔다면 상황이 달라졌을 것이다. 맹자는 더는 미련이 남지 않았다. 동이 트자마자 출발을 서둘렀다. 숙소를 나서려는 찰나 제자인 고자(高子)가 어떤 사람이 뵙기를 청한다고 아뢰었다. 제나라에서 명망 높은 은자로 통하는 윤사(尹士)였다. 맹자도 그의 이름을 들어 익히 알고 있었지만 만난 것은 처음이었다. 맹자가 먼저 예를 갖추었다. 왕이 보낸 것은 아닌 것 같아 맹자는 약간 실망스러운 얼굴이다.

"선왕이 탕임금이나 무왕 정도의 그릇이 되는 줄 알고 왔다면 지

변하지 않는 더

혜롭지 못한 것이고, 알고 왔다면 녹봉만 바라는 무리와 무엇이 다른가? 또 천 리를 멀다 하지 않고 와서 뜻이 맞지 않다면 바로 떠나야지 3일이나 주 땅에 머무는가. 평소 그대를 깊이 존경했지만, 지금은 몹시 안타깝네."

자못 준엄했다. 논리에도 빈틈이 없었다. 고자는 스승이 꾸중 듣는 것 같아 좌불안석이었다. 그러나 맹자는 당당했다.

"선생님 말씀도 일리가 있습니다만……"

맹자가 잠시 말을 끊고 윤사를 쳐다봤다. 바로 대꾸하지 않고 예우했다.

"제가 원해서 천 리를 멀다 여기지 않고 달려왔습니다. 하늘의 이치를 가르치고 왕도를 실현하고 싶었지요! 허나, 떠나는 것은 제 뜻이 아닙니다. 부득이 해서 떠나는 것입니다. 제가 3일을 지체했지만, 제 마음에는 그것도 빠르다고 생각합니다. 왕이 마음을 바꾸시기를 기다렸습니다. 왕이 마음을 바르게 가진다면 반드시 저를 다시 부를 것이기 때문입니다. 여태 왕은 저를 찾아오지 않았습니다. 사실을 확인하고서 미련 없이 떠나려 하는 것입니다. 상황이 이렇더라도 제가 어찌 왕을 버리겠습니까. 선왕은 인정을 펼칠 만한 재목입니다. 예를 갖추고 실정(失政)을 시인하셔서 저를 다시 등용하신다면 제나라 백성뿐 아니라 하늘 아래 백성 모두가 평화를 누릴 것입니다. '왕이시여! 빨리 마음을 바꾸소서.' 저는 매일 그렇게 바랐고 지금도 그렇습니다. 왕이 간언을 받아 주지 않는다고 하여 팽하고 돌아서서 잰걸음으로 떠나는 소인배와 저는 다릅니다. 하늘만은 제 심정을 알 것입니다."

맹자가 말을 마치고 허리를 숙여 인사하자, 윤사는 바로 무릎을 꿇고 큰절을 올렸다.

"그대가 아니라 내가 진정 소인이었네!"

맹자는 황급히 윤사를 일으켜 세웠다. 윤사는 맹자에게서 대인 다운 풍모와 큰 뜻을 보았다. 상대가 어려도 진리 앞에 승복했다. 나아가 자신이 소인이었다고 자인했다. 맹자는 윤사의 태도에 그를 대인으로 보았다. 서로가 서로를 알아 본 것이다. 맹자는 윤사의 배웅을 받으며 걸음을 재촉했다. 한 식경[12]이 지났을까 파발마가 먼지를 휘날리며 달려왔다. 맹자가 떠난다는 소식을 듣고 순우곤이 사람을 보낸 것이다. 맹자 일행을 발견하고 말을 멈추고 내려와 예를 갖췄다.

"좨주께서 조금만 기다려 달라고 하십니다. 소인이 먼저 말을 달려 왔습니다. 좨주께서는 곧 도착하실 것입니다."

당시 제나라의 직하 좨주는 순우곤이었다. 중원에서는 학파와 관계없이 모두 순우곤을 존경했다. 제나라에는 장녀를 출가시키지 않고 대신 데릴사위를 들여 제사 지내는 풍속이 있었다. 장녀를 무녀(巫女)라고 부르는데, 신분이 미천한 순우곤은 무녀에게 장가들었다. 순우곤이 출세하자 그의 신분을 두고 뒤에서 수군거리는 소리가 많았다. 순우곤의 이름 중에 '곤(髡)'자는 정수리 부근만 남기고 머리 카락을 다 깎은 형상을 두고 쓰는 글자이다. 이름 탓에 형벌을 받은 흔적이 이름에 남아 있다는 소문도 떠돌았다. 순우곤이 어떤 죄명으로 벌을 받았는지 확실한 것은 없었다.

순우곤은 기억력이 뛰어나 한 번 보면 다 외웠다. 당시 명재상으로 명망이 높았던 안영(晏嬰)을 존경해 본받으려고 노력했다. 독학으로 중원에 소문이 나자 식객의 주선으로 혜왕을 만났다. 혜왕은 신하를 모두 물리치고 순우곤과 두 번 독대했다. 그때마다 순우곤은 아무 말도 하지 않았다. 화가 난 왕은 식객을 불러 꾸짖었다.

"관중이나 안영보다 뛰어난 인물이라 해서 접견을 허락했더니 한 마디도 하지 않더군! 과인이 말할 만한 상대가 아니라고 여기는가! 무슨 까닭인고."

식객이 왕의 말을 순우곤에게 전했다. 순우곤이 설명했다.

"그렇습니다. 첫날 왕을 뵈었을 때 왕은 마음이 말(馬)에 쏠려 있었습니다. 둘째 날은 마음이 음악에 가 계셨습니다. 그래서 제가 아무 말도 하지 않았습니다."

식객이 왕에게 사정을 전하자 왕은 무릎을 치며 감탄했다.

"순우곤 선생은 진정 성인이다. 마침 누가 좋은 말 한 필을 바쳤는데 미처 보지 못해 마음이 그쪽에 가 있었다. 다음에 오셨을 때 또 명창을 소개받고는 노래를 듣지 못한 채 만나서 집중하지 못했다. 당시 과인 곁에 사람이 있었으나 마음은 딴 데 가 있었다. 순우곤 선생 말대로이다."

혜왕은 순우곤을 다시 불러 3일 동안 쉬지 않고 이야기를 나누어도 지루한 줄 몰랐다. 혜왕은 순우곤을 재상으로 모시려고 하였지만 순우곤은 사양했다. 순우곤은 사람 보는 안목이 탁월해 혜왕에게서 패망하는 길이 보였다. 순우곤이 양나라를 떠나려 하자 혜왕은 말 네 필이 끄는 화려하게 치장한 수레를 보냈다. 그리고 전별금으로 황금 2,400냥을 주었다. 하지만 순우곤은 끝내 양나라에서 벼슬하지 않았다.

양나라가 쇠락하자 인재는 제나라로 모여들었다. 제나라 위왕이 인재를 두루 초빙하자 순우곤도 이때 제나라로 갔다. 위왕은 선대 왕의 유업을 이어 직하 학궁을 크게 확장했다. 다양한 사상가와 각양각색의 학파가 모여들었다. 위왕은 이들을 후히 대접하고 자유롭게 토론하게 했다. 당시 직하 학궁에는 학파끼리 사상의 간격이 컸고 스승과 제자의 관계가 얽히고설켜 분쟁이 잦았다. 순우곤은 특별한 학설도 없고 학파도 없어 비교적 자유로운 신분이었다. 자칫 기분 나쁠 수 있는 충고도 듣는 사람을 웃게 만드는 재주가 있었다. 순우곤은 고집불통인 학자들을 다독거리면서 분쟁을 조정하고 공동 연구 분위기를 이끌었다. 국가 대사가 있으면 순우곤을 불러 상의했다. 순우곤은 총명하고 재치가 넘치면서 강단도 있었다.

초나라가 제나라를 침략할 것이라는 첩보가 올라오자 위왕은 순우곤을 초나라 사신으로 보냈다. 초나라 왕은 왜소하고 머리 모양이 이상한 순우곤을 보자 장난기가 발동했다.

"제나라에 인물이 없는가! 어찌 선생 같은 인물이 왔소. 선생은 장기가 무엇이오?"

이는 사신에 대한 예의가 아니다. 사신을 모욕하는 것은 곧 나라를 모욕하는 것과 같았다. 제대로 응징하지 않으면 초나라가 제나라를 얕잡아 보고 공격할 수 있었다. 순우곤의 머릿속에 섬광이 번쩍였다. 그리고 날쌔게 호위병의 칼을 낚아채 왕의 목을 겨누었다.

"아무런 특기가 없으나, 7척 장검으로 무례한 왕의 목은 벨 수 있소."

왕은 얼굴이 새파랗게 질려 말도 더듬거렸다.

"선생, 화를 푸시오. 그저 농담이었소."

순우곤은 홀로 제나라의 존엄을 지키고 초나라의 진격을 막았다. 사신이 돌아오며 이 소식을 전하자 위왕은 아주 좋아하면서 주연을 베풀어 순우곤을 치하했다. 술잔이 몇 순배 돌자 왕은 거나하게 취했다. 연신 순우곤을 치켜세우며 술을 권했다.

"선생은 어느 정도 마셔야 취하십니까?"

망국의 왕은 모두 술과 여색을 좋아했다. 술을 좋아하는 위왕에게 간언할 기회를 순우곤은 늘 엿보고 있었다. 간언도 적절할 때가 있다.

"신은 한 말을 마셔야 취할 때도 있고 한 섬을 마셔야 취할 때도 있습니다."

왕은 이상해서 물었다.

"한 말만 마셔도 취하는데 어떻게 한 섬까지 마시오?"

순우곤은 얼굴색을 바꿨다.

"대왕 앞에서 술을 마실 때는 어사나 감찰도 있어 몸을 숙여 조심히 마십니다. 그럼 한 말만 마셔도 취합니다. 취해서 실수할까 조금만 마십니다. 아버지께 손님이 찾아오시면 술 시중 들면서 주시는 술만 마십니다. 예를 갖추느라 자주 일어서고, 손님께 장수를 기원하는 술잔을 올립니다. 그럼 두 말만 마셔도 취합니다. 오랜만에 친구가 찾아오면 회포를 풀면서 그간 못 다한 이야기를 하다 보면 대여섯 말은 마셔야 취합니다. 동네잔치 때 남녀가 섞여 앉아 서로 희롱하면서 마시면 여덟 말을 마셔도 모자랍니다. 이럴 때 주량은 한정이 없습니다. 나중에 취해 할 짓 안 할 짓을 못 가릴 때도 있습니다. 술은 조심해서 마셔야지 많이 마시면 정신을 잃게 되고 환락도 극에 달하면 슬픔이 찾아온다고 합니다. 만사가 다 그렇습니다. 극에 달하면 반드시 쇠하는 법입니다."

위왕은 신하의 충언을 듣는 명군이었다. 자신을 경계하는 말을 알아들었다.

"무슨 말인 줄 알겠소. 지금부터 밤늦도록 술을 마시는 일을 금하겠소."

순우곤은 언제 진언해야 하는지 잘 알았다. 다른 때 간언했으면 왕이 화를 내면서 순우곤을 멀리했을 수도 있다. 때를 아는 지혜 덕분에 왕은 허물을 고쳤고 순우곤은 더 존경받았다. 이때 제나라는 환공 시절에 버금가는 강국이 되었다.

위왕이 죽고 선왕이 즉위하자 즉시 순우곤을 찾았다. 세자 시절부터 명성을 들은 터라 인재를 추천받으려 했다. 순우곤은 하루 만에 일곱 명을 천거했다. 선왕은 놀라서 물었다.

"천리 사방에서 선비 하나만 얻어도 많이 얻은 것이라 과인은 들었습니다. 또 백 세대 동안 성인이 한 분만 나오셔도 정말 많이 나오신 것이라 들었습니다. 그만큼 인재가 드물고 성인은 잘 나오지 않는다는 뜻이겠지요. 그런데 선생께서는 하루에 일곱 명을 추천하시다니 무슨 뜻인지 잘 모르겠습니다."

"그렇지 않습니다. 새나 짐승도 끼리끼리 논다고 했습니다. 동네 개울이나 뒷산에서 좋은 약초를 구할 수 없습니다. 고서산이나 양보산 같은 명산에 가야 캘 수 있습니다. 외람되지만 제 곁은 인재가 그득합니다. 인재를 저에게 구하라 하신다면 냇가에서 물 긷는 것처럼 쉽습니다. 어찌 일곱 사람뿐이겠습니까?"

선왕은 순우곤이 추천하는 사람을 모두 받아들였다. 순우곤 곁에 인재가 구름처럼 모였고 직하 학궁은 발 디딜 틈이 없었다. 맹자도 이때 순우곤을 만났다. 순우곤은 첫눈에 맹자를 알아보았다. 에두르지 않고 바로 질문을 던졌다. 격식도 없었다.

"장성한 남녀는 손으로 직접 물건을 건네지 않는 것이 예입니까?"

뜬금없는 물음이지만 맹자는 침착하게 대답했다.

"예법에는 그렇습니다."

순우곤이 재차 공세를 취했다.

"형수가 물에 빠지면 손을 뻗어 구해 줘도 됩니까? 예법에 어긋나지 않습니까?"

원칙만 고집하다 보면 현실 문제에 탄력적으로 대응하지 못한다. 순우곤은 유학자가 이런 병폐가 있지 않느냐고 넌지시 비꽜다.

"형수가 물에 빠졌는데 예의를 지킨답시고 구하지 않는다면 이리나 승냥이 같은 인간이겠지요. 남녀끼리 직접 손을 맞대며 주고받지 않는 것은 예이고 항상 변하지 않는 상도(常道)이지만, 형수가 물에 빠졌을 때 손을 잡고 구하는 것은 권도(權道)입니다. 상도도 중요하지만 상황에 따라서 적절하게 운용하는 권도도 중요합니다."

잠시 웃던 순우곤은 다시 준엄하게 되물었다.

"지금 천하가 물에 빠져 허우적거리는데 선생은 왜 구하지 않소?"

변하지 않는 도

5

맹자는 여전히 진지하다.

"천하가 물에 빠졌다면 응당 인의의 도로 구해야지요. 아무리 급하더라도 이 원칙은 지켜야 합니다. 여기에는 권도가 소용이 없습니다. 하지만 형수가 물에 빠졌으면 예를 어기고서라도 반드시 구해야 합니다. 권도가 허용됩니다. 천하와 형수는 다르지요. 천하는 손으로 구할 수 없습니다. 반드시 인의(仁義)의 도로 구해야 합니다."

순우곤은 고개를 끄덕였다. 상도와 권도는 맹자에게서 처음 듣는 이야기였다. 대개 자기 원칙만 고집하기 마련이다. 상도만 고수하면 남의 말을 듣지 않는 불통이 되고, 권도를 함부로 쓰면 약삭빠른 눈치꾼으로 전락한다. 순우곤은 맹자가 중용의 길을 걷는다고 생각한다. 이후 순우곤은 맹자를 지켜보며 소리 없이 응원했다.

맹자는 한동안 생각에 잠겼다. 순우곤은 뛰어난 정치가이면서 인격도 훌륭했다. 그러나 그에게는 시대를 이끌어 갈 철학이 없었다. 정치만으로는 이 시대 혼란을 해결할 수 없다. 순우곤은 수행원 없이 혼자 말을 몰고 왔다. 먼지 먹은 땀이 방울처럼 얼굴에 매달려 있다. 맹자가 급히 수레에서 내려 예를 갖췄다. 직하 학궁 원로에 대한 예의였다. 순우곤이 직하 좨주를 맡으면서 학궁은 성장을 거듭했다. '인재를 키우는 전통은 역사의 큰 물줄기가 될 것이다.' 맹자는 백발이 성성한 순우곤을 보며 생각했다. 순우곤은 맹자가 계속 제나라에 머물렀으면 했다. 그러나 명분 없이 마냥 붙들어 둘 수 없는 노릇이다. 순우곤은 격식을 차리지 않고 바로 핵심을 짚었다.

"명예와 업적을 중시하는 사람은 백성을 잘 살게 만들고, 명예와 업적을 경시하는 사람은 제 몸을 다스려 깨끗하게 한다 들었소이다. 선생께서는 제나라 삼경의 지위에 계셨는데 군주를 일깨우지 못했고, 백성을 보호하지도 못하고서 떠나시는 것입니까? 선생께서 늘 부르짖던 인자(仁者)는 진정 이런 모습입니까?"

맹자는 감정이 아니라 논리로 설득시켜야 한다. 순우곤은 맹자의 허점을 공격했다. 논리가 무너지면 맹자의 마음도 달라질 것이다. 제나라에 체류하면서 맹자가 더 성장했다는 사실을 순우곤은 간과했다. 여러 학파와 교류하고 토론하면서 맹자의 역사 지식은 풍부해졌고 논리도 더 정교해졌다.

"지위가 낮아도 군주가 어리석으면 섬기지 않았던 분이 백이(伯夷)입니다. 임금을 가리지 않고 섬기기만 했더라면 반드시 높은 관직에 올라갔을 것입니다. 성군인 탕임금이 다섯 번이나 불러도 모두 출사하고 폭군 걸(桀)이 다섯 번 불러도 모두 벼슬에 나간 분이 이윤(伊尹)입니다. 군주가 어리석고 욕심이 많아도 싫어하지 않고 낮은 지위라도 마다하지 않은 분이 유하혜(柳下惠)입니다. 세 분이 벼슬하는 방법은 달랐지만, 마음으로 추구했던 길은 하나였습니다. 그 하나가 무엇이냐 하면 바로 '인(仁)'입니다. 군자는 오직 인을 지향할 뿐입니다.

변하지 않는 더 5

가는 길이 모두 똑같을 필요는 없습니다. 저 역시 세 분과 뜻은 같지만, 길이 다를 뿐입니다."

순우곤이 아직 제나라 신하이기 때문에 맹자는 선왕 이야기를 꺼내지 않고 고대 현인의 이야기를 예로 들었다. 순우곤도 '가지 말라' 직접 말하지 않았고, 맹자도 '돌아가지 않겠다'는 뜻을 간접적으로 드러냈다. 맹자의 제자들은 선문답을 듣듯 멀뚱멀뚱 서로 쳐다볼 뿐이었다.

"노나라 목공 시절에 덕과 재능이 뛰어난 공의자(公儀子)가 재상을 맡고 현자 자류와 공자의 손자 자사가 보좌했습니다. 그런데 노나라 국토는 날로 줄어들었습니다. 현자란 본래 나라에 아무 도움이 되지 않는 존재입니까?"

순우곤이 강하게 몰아 부쳤다. 노나라 인물을 빗대었지만, 실제 맹자를 겨냥한 것이다. 맹자는 씁쓸하게 웃었다.

"옛날 우나라는 백리해를 등용하지 않아 망했고 진나라 목공은 백리해를 신하로 써 중원의 패자가 되었습니다. 현인을 등용하지 않으면 국토가 줄어드는 것이 아니라 나라라 망하고 맙니다!"

맹자는 선왕이 자신을 뜻을 따르지 않아 제나라가 위태롭게 되었다고 되받았다. 선왕에게 잘못이 있다고 반박했다. 순우곤은 말문이 막혔다. 맹자를 붙잡고 싶은 마음이 더 간절해졌다.

"옛날 위나라의 명창 왕표(王豹)가 '기수(淇水)'라는 강가에서 살았는데 강의 서쪽 사람은 왕표 영향을 받아 모두 노래를 잘 불렀다고 합니다. 또 제나라 명창 면구(縣駒)가 고당(高唐)에 살 때도 제나라 서쪽 사람은 면구처럼 노래를 잘 불렀다고 합니다. 제나라 장수 화주(華周)와 기량(杞梁)은 전쟁터에서 죽었는데 그 부인들이 진심으로 곡을 하니 백성이 감화되어 제나라 풍속이 변했다고 합니다. 현자가 내공이 깊으면 저절로 밖으로 드러나 다른 사람에게 영향을 미칩니다. 현자가 나라를 맡으면서 공을 세우지 못한 경우를 저는 보지 못했습니다. 제나라가 그냥저냥인 것을 보면 제나라에 현자가 없었던 모양입니다. 있었다면 제가 반드시 알아보았겠지요!"

순우곤은 정곡을 찌르며 맹자를 압박했다. 맹자가 제나라에서 한 일이 없었다는 투다. 한편 더 머물러 제나라를 개혁시켜 달라는 뜻도 있었다. 아쉬움이 더 컸다. 맹자도 순우곤의 깊은 마음을 헤아렸다. 맹자는 가볍게 고개를 흔든다. 맹자는 이미 시간과 공간을 넘어서고 있었다. 전국 시대와 제나라가 아니라 더 멀리 보았다. 그것이 순우곤과 맹자의 차이였다.

"공자께서 노나라에서 사구(司寇) 벼슬을 하실 적, 정공(定公)은 공자께서 하신 진언을 듣지 않았습니다. 그래도 공자께서는 바로 떠나시지 않고 정공이 교사(郊祀, 하늘과 땅에 올리는 제사)를 지내는 것까지 보았습니다. 교사를 지내고 나면 고기를 대부에게 나누어 주는 것이 예법인데, 정공은 공자께 고기를 보내지 않았습니다. 그제서야 공자께서는 관모를 벗지도 않고 노나라를 떠나셨습니다. 사정을 모르는 이들은 공자가 제사 고기 때문에 떠났다고 하고, 사정을 아는 이들은 무례하다고 비난했습니다. 그 모두 공자의 깊은 뜻을 모르는 처사입니다. 공자께서는 일부러 허물을 짓고 군주께 해가 되지 않도록 처신하신 것입니다. 본시 군자의 깊은 뜻을 소인들이 모르는 법입니다."

맹자가 '소인'이라고 하자, 순우곤은 허허 웃었다. 자신의 시대가 저물어 가는 것 같다.

"이 길이 마지막인가요?"

순우곤 얼굴에서 쓸쓸함이 묻어났다.

"선생께서는 제나라에서 하실 일이 더 있는 줄 압니다. 저는 저의 길을 가겠습니다."

맹자가 칭찬으로 말을 맺었다. 맹자 말대로 훗날 순우곤은 순자에게도 지대한 영향을 미쳤다. 맹자의 성선론과 순자의 성악론은 전국 시대 사상계의 양대 산맥이었다. 맹자는 제나라를 떠나 고향 추나라로 향했다. 순우곤은 맹자가 시야에서 사라질 때까지 눈길을 놓지 않았다.

[12] 식경(食頃): 밥을 먹을 동안이라는 뜻으로, 잠깐 동안을 이르는 말.

6

흔들리지
않는 마음

풀잎에 이슬이 아침 햇빛을 받아 영롱하게 빛난다. 발길에 이슬이 떨어지면 구슬 소리가 들릴 것처럼 조용한 아침이다.

"공자께서 '동산에 올랐더니 노나라가 작고, 태산에 올랐더니 천하가 작다.'라고 하셨는데, 그대도 알지?"

맹자는 등 뒤로 햇살을 받으며 거친 숨을 몰아쉬며 따라오는 공손추를 돌아보고 물었다. 공손추는 잠시 멈췄다.

"배운 적이 있습니다."

"그럼 동산이 어딘지 아느냐?"

"저는 제나라 사람인지라, 그저 이름만 알 뿐……."

공손추가 쭈뼛거렸다. 맹자는 발부리를 돌려 다시 산을 오르면서 말했다.

"역산을 동산이라고 부르기도 한다. 나지막한 산이지만 기상은 태산을 능가할 정도이지."

공손추는 맹자를 올려다보았다. 산 정상은 널따란 바위이다. 그

위로 종처럼 생긴 바위가 하나 더 있다. 마치 술잔은 엎어 놓은 것 같았다. 하늘에 매달려 있는 것 같은데 종 끈이 없다. 추나라 사람들은 이 바위를 종석(鐘石)이라고 불렀다.

악정자는 노나라 조정에서 벼슬을 받아 오늘 떠났다. 어제 맹자를 찾아 하직 인사를 올렸다. 맹자는 만장과 공도자에게 악정자를 전송하라 이르고, 공손추에게는 등산 채비를 하라 시켰다. 해발 588미터. 역산은 야트막해도 바위가 많고 길이 험해 젊은이도 오르기 쉽지 않다. 하지만 맹자는 가볍고 빠르게 올랐다. 공손추는 쫓아가기 바빴다. 공손추가 한참 늦게 정상을 밟았을 때 맹자는 정좌하고 호흡을 가다듬고 있었다.

"대지에 가득한 기운이 느껴지느냐?"

공손추는 아직 숨이 거칠다. 간신히 대답했다.

"도무지 모르겠습니다."

"아직은 무리일 테지! 자네도 벌써도 마흔이 넘었는가?"

공손추는 수줍어하며 고개를 떨어뜨린다.

"공자께서 마흔에 세상일에 미혹되지 않는 불혹(不惑)의 경지에 이르렀다고 하셨는데, 선생님은 어떠신지요!"

"나 역시 마흔에 마음이 흔들리지 않았다[부동심 不動心]. 부귀나 빈천, 지위에 흔들리지 않고 바른 마음을 지켰다."

"부동심의 경지에 도달하는 방법이 있습니까?"

이제야 호흡이 가라앉는지 목소리가 차분해졌다. 맹자는 고개를 끄덕이며 낙엽이 붉은 산 아래 가만히 응시하다 대답했다.

"그렇게 어렵지 않다. 고자(告子)께서도 나보다 먼저 이 경지에 도달했다."

공손추는 약간 놀랐다. 맹자와 고자는 인간 본성에 대한 철학이 달랐다. 제나라 직하에서 토론할 적에는 마치 날 선 칼날이 부딪히는 것 같았다. 그런데 맹자가 깍듯이 존칭을 쓰자 놀란 것이다. 맹자는 말을 잇는다.

"먼저 용기를 길러야 한다. 너는 전설의 검객 북궁유(北宮黝)를 아느냐? 그처럼 용기를 기르는 것도 하나의 방법이다. 칼날이 스쳐도 움츠리지 않고 눈을 찔러도 까닥하지 않는다. 작은 모욕이더라도 마치 시장 한복판에서 맞은 것처럼 수치로 여긴다. 모욕을 당하면 설령 상대가 군주라도 용서치 않았다. 군주를 죽이는 것을 마치 촌부를 죽이는 것처럼 가볍게 생각했다. 천하의 제후는 모두 북궁유를 두려워했다. 험담을 들으면 그 누구라도 반드시 보복했다. 이것의 북궁유의 용기이다."

맹자는 한번 말을 시작하면 고금 역사를 넘나들며 그칠 줄 모른다. 장황하지 않고 핵심을 찔러 가며 깊이가 서려 있어 듣는 사람은 시간 가는 줄 모른다. 맹자가 계속 말했다.

"제나라 용사 맹시사(孟施舍)는 북궁유와 다르다. 맹시사는 말했다. '적이 강하더라도 반드시 이긴다는 신념이 있어야 한다. 전술에 능한 군사(軍師)는 적의 형세를 살펴 공격하고, 승리를 확신해야 진격한다. 전술로는 작은 전쟁에서는 이길지 몰라도 삼군 같은 대군을 만나면 반드시 지게 되어 있다. 나라고 해서 필승한다 장담하겠는가! 나는 두려워하지 않고 돌격한다.' 맹시사의 용기는 증자(曾子) 같고, 북궁유 용기는 자하(子夏)에 가깝다. 누가 나은지 우열을 가리기 어렵지만, 그래도 맹시사가 핵심을 알고 있는 것 같다."

"부동심과 용기가 어떤 관계가 있습니까? 언뜻 이해가 되지 않습니다."

맹자가 말을 잠시 끊자 공손추가 틈을 타 물었다.

"더 들어 보아라. 옛날 증자께서 문인 자양(子襄)에게 말씀하셨다. '자양아! 너는 용기가 무엇인지 아느냐. 나는 옛날 스승이신 공자께 대용(大勇, 커다란 용기)에 대해 들었다. 자신을 돌이켜 조금이라도 잘못한 점이 있으면 평범한 사람 앞에만 서도 두려워 벌벌 떨게 된다. 자신을 반성해 부끄러움이 조금도 없다면 천군만마 앞에서도 당당하게 된다'고 말씀하셨다. 증자 말씀을 잘 살펴보면 맹시사는 증자만 못하시다. 진정한 용기는 한 점 부끄러움 없는 것을 말한다. 북궁유나 맹시사처럼 용기를 기르는 것도 하나의 방법이지만 그것만으로 부족하다. 그들은 신분도 낮고 보잘것없이 살다 갔다. 공자께서는 진정한 용기가 무엇인지 가르쳐 주신 것이다. 하늘을 우러러 한 점 부끄러움이 없는 것이야말로 진정한 용기다. 그래야 흔들지 않고 본래 마음을 지킬 수 있다."

산정에 부는 초겨울 바람은 차고 바위에서 한기가 가득 올라온다. 추위를 이기려 공손추는 연신 몸을 흔들었다. 맹자는 두 시각이 지나도 자세가 곧다. 공손추는 그런 맹자 앞에서 부끄러움을 느꼈다. 한참 우물쭈물하더니 간신히 말을 꺼냈다.

"감히 묻겠습니다. 고자와 선생님의 부동심은 차이가 무엇입니까?"

"고자께서도 경계에 올라선 분이다. 선생이나 나나 목적은 같을지라도 가는 길이 다르다. 고자께서 이렇게 말씀하신 적이 있다. '남의 말이 이해가 되지 않을 때 억지로 마음을 괴롭히지 마라. 마음으로 이해가 되지 않는다고 해서 기를 상하게 하지 마라! 그럼 저절로 부동심 경지에 이르게 된다'고 말이다. 어떤 상황이라도 마음이 흔들리지 않고 기를 다치지 않게 해야 한다는 뜻이다. 내 생각에 후자는 옳지만 전자는 그르다. 다른 사람의 말이 이해되지 않는다면 이해하려 마음을 다해야 한다. 옳고 그름의 판단이 서야 마음이 흔들리지 않는다. 단지 아무것도 하지 않는 것이 부동심이 아니다. 고자께서는 이것에 착오가 있으시다."

맹자 말이 어려운지 공손추는 멀뚱멀뚱 맹자를 쳐다봤다. 경험하지 못한 세계라 깊이를 헤아리지 못했다. 맹자는 공손추를 잠시 바라보았다.

"어려우냐?"

공손추가 고개를 끄덕였다.

"우선 들어 두도록 해라! 새겨 두면 언젠가 터득하는 날이 온다. 방향이 없어 도무지 어딜 가야 할지 모르는 것보다 낫다."

공손추는 마음이 놓인다. 어렴풋이 길이 보이는 것 같다.

"고자께서는 지(志, 의지와 사상)를 몰랐다. 부동심은 지에 달려 있다. 지는 기(氣)를 이끄는 장수와 같다. 천지에 기가 가득 차듯 우리 몸도 기로 가득 차 있다. 지가 가는 곳마다 기는 자연스럽게 따라온다. 그래서 지를 잘 조절해 기를 다치지 않도록 해야 한다."

공손추가 다시 물었다.

"'지가 가는 곳마다 기는 자연스럽게 따라온다'고 하시고서 또 '지를 잘 조절해 기를 다치지 않도록 해야 한다'고 하셨는데 양자 사이에 모순이 있는 것 같습니다. 결국 지를 잘 다스리면 되는 것 아닙니까?"

맹자는 공손추가 기특했다.

"지가 장수이기는 하지만 기의 영향도 받는다. 지(志)를 가다듬고 집중하면 기를 조정할 수 있다. 기 또한 지처럼 집중하면 지를 조정할 수 있다. 그러나 가장 중요한 것은 역시 지이다. 기가 지를 좌지우지하게 해서는 안 된다. 그러니 결국 지도 잘 조절해야 하고 기도 잘 다스려야 한다. 역시 어렵다. 한 번에 이해하려 들지 마라. 서두르면 절대 경지에 도달하지 못한다. 단계를 차근차근 밟아라!"

"그럼, 선생님께서는 다른 사람보다 뛰어난 점이 무엇입니까? 늘 '인간의 본성'은 큰 차이가 없다고 하셨는데⋯⋯."

맹자는 슬며시 웃었다. 자칫 자기 자랑하는 것 같아 조심스럽다.

"나는 다른 사람을 말을 잘 알아듣고[지언 知言], 호연지기(浩然之氣)를 잘 기른다. 누구나 공부하면 이를 수 있는 경지이다. 사람이 제 본성을 모르고 공부를 게을리하기에 이르지 못할 뿐!"

"호연지기는 무엇인지요?"

"설명하기가 정말 어렵구나! 호연지기란 지극히 곧고 굳센 기를 말한다. 곧은 마음을 키우고 사악함에 물들지 않으면 이 기가 하늘과 땅 사이를 가득 채우듯 커진다. 호연지기는 의(義)와 동행하고, 도(道)와 함께 간다. 호연지기에 의와 도가 없으면 쭉정이처럼 시들어 버린다. 호연지기는 의로움이 나날이 쌓이는 것이지, 하루아침에 이루어지는 것이 아니다. 마음을 돌이켜 조금이라도 양심에 걸리는 것이 있으면 호연지기는 순식간에 사라진다. 내가 늘 고자께서 의를 모른다고 한 것도 이런 연유에서이다. 고자께서는 의가 마음 밖에 있다고 하셨다. 의가 마음 밖에 있으면 내 몸속에 쌓을 수 없다. 의가 쌓여야 호연지기를 얻는데 고자 말씀대로라면 호연지기는 밖에서만 떠돌게 된다. 기가 천지 안에 있듯 호연지기도 내 몸 안에 있다. 천지

밖에 기가 있으면 도대체 무슨 소용이 있는가!"

맹자와 고자는 직하 학궁에서 같이 머물면서 '인간의 본성'과 '하늘의 섭리'에 대해 자주 토론했다. 입장은 달랐지만 서로 존중했다. 반박과 반론을 거듭하면서 논리가 더 정교해졌다. 논쟁할 때 마치 원수처럼 싸웠지만, 끝나면 친구처럼 다정했다. 때론 스승이었다가 때론 제자가 되기도 했다. 배울 것은 배우고 가르칠 것은 가르치려 했다. 그사이 두 사람의 학문은 점점 깊어졌다. 맹자는 직하 시절을 회상하는 듯 잠시 멈추었다가 다시 말을 이었다.

"중단하지 말고 의를 쌓아야 한다. 의로운 마음을 잠시라도 잊어서는 안 된다. 또 성급하게 얻으려 해서는 안 된다. 저 어리석은 송나라 사람처럼 말이다. 송나라의 어떤 사람이 막 모내기를 하고 모가 잘 자라지 않는다고 걱정하면서 손으로 잡아당겼다. 그러곤 집에 돌아 와서는 '오늘 몹시 피곤하다. 모가 잘 크도록 일을 많이 했다.'라며 엄살을 부렸다. 아들이 급히 가 보니 모가 다 말라 죽었다. 지금 천하사람 중에 모를 조장하듯 의를 조장하는 이들이 적지 않다. 호연지기를 성급하게 기르려고 한다면 모를 억지로 잡아당기는 것이나 다를 게 없다. 조장하면 모가 죽듯 의를 쌓지 않고 억지로 호연지기를 바란다면 사람에게 해가 될 뿐이다. 차라리 안 하느니만 못하다."

공손추는 동학(同學)이 자리를 비운 사이, 스승의 고견을 혼자 듣는 것 같아 미안한 생각이 들었다. 그러나 스승이 이미 연로하니 기회가 다시는 없을 것 같았다. 집중하여 들으면서도 한편으로 무엇을 물어야 할지 고민했다. 맹자가 말을 마치자 바로 물었다.

"그럼, 지언(知言)은 무엇을 뜻합니까?"

"한쪽에만 치우쳐 말하면, 그 사람이 무엇을 숨기는지 알 수 있다. 허황된 말을 하면 무엇에 빠졌는지 알 수 있다. 사악한 말을 하면 정도에서 얼마나 벗어났는지 알 수 있다. 궁색한 말을 하면 어떤 곤란한 상황에 처했는지 알 수 있다. 이를 각각 피사(詖辭), 음사(淫辭), 사사(邪辭), 둔사(遁辭)라고 한다. 정치하는 사람이 이 네 가지 중에 하나라도 말하면 해악이 온 나라에 퍼진다. 그래서 정치가의 말을 제대로 살펴야 한다. 성인께서 다시 이 세상에 오신다 해도 내 말을 인정하실 것이다."

공손추는 말꼬리를 이어 계속 물었다. 맹자가 말에 대해서 언급하자 《논어》에 나오는 말을 떠올렸다.

"재아와 자공은 옳고 그른 것을 가려 설명하는 것에 뛰어났고, 염우(冉牛), 민자(閔子), 안연(顏淵)은 덕행에 뛰어났다고 들었습니다. 공자께서 이 둘을 모두 갖추셨으면서도 '나는 말하는 데 재주가 없다'고 하셨습니다. 선생님께서는 호연지기와 지언을 겸비하셨으니 '성인'의 경지에 오르신 게 아닙니까?"

맹자는 고개를 절레절레 흔들었다.

"무슨 소리냐! 옛날에 자공이 공자께 여쭈었다. '선생님은 성인의 경지에 이르렀습니까?' 공자께서 대답하셨다. '성인은 내 능력 밖이다. 나는 그저 배우는 데 싫증내지 않고 가르치는 데 게으르지 않을 뿐이다.' 성인의 경지라면 공자께서도 감히 자처하시지 않으셨는데 내 어찌 감당할 수 있겠는가!"

공손추는 무안한지 곧 다른 질문을 꺼냈다.

"이런 말을 들은 적이 있습니다. 자하, 자유, 자장은 성인의 일부분만 닮고, 염우, 민자, 안연은 성인을 닮기는 했지만 완전하지 못하다고 들었습니다. 이 말이 타당합니까?"

"이 문제는 잠시 덮어 두어라! 지금 논하는 주제에서 벗어난다."

"그럼, 백이와 이윤은 어떤 분이십니까?"

"가는 길이 달랐다. 섬길 만한 군주가 아니면 섬기지 않고, 다스릴 만한 백성이 아니면 다스리지 않고, 천하가 다스려지면 벼슬을 하고, 어지러워지면 은거하시는 분이 백이다. 이윤은 다르다. 어떤 임금이라도 섬기고 어떤 백성이라도 다스린다. 천하가 평화롭든 혼란하든 벼슬하시는 분이 이윤이다. 출사할 만하면 출사하고 은거해야 할 때는 은거하고, 오래 머물 만하면 오래 머물고, 떠나야 할 때는 떠나시는 분이 공자이다. 세 분 모두 옛 성인이시다. 나는 그분들에게는 미치지 못한다. 내 평생소원은 공자를 배우는 것이다."

공손추는 고삐를 늦추지 않았다.

"그럼, 백이와 이윤도 공자와 같은 반열에 드신 성인이십니까?"

맹자는 정색하며 대답했다.

"절대 그럴 수 없다. 이 땅에 인간이 생긴 이래 공자 같은 분은 없다."

"그런데도 연유가 있어 세 분을 같이 언급하신 것 아닙니까? 세 분의 공통점은 무엇입니까?"

"당연히 있다. 사방 백 리 정도의 좁은 땅에서라도 군주가 되셨다면 천하 제후가 모두 조회하러 왔을 것이다. 조그만 불의를 행하거나 무고한 사람을 죽여 천하를 얻을 수 있다 하더라도 절대 그런 짓을 하지 않으실 분들이다."

"세 분의 차이는 무엇입니까?"

묻는 공손추도 답하는 맹자도 지친 기색이 없었다. 오히려 더 생기가 돌고 눈동자가 빛났다.

"재아, 자공, 유약은 공자 문하 중에서 지혜가 출중하다. 거의 성인의 경지에 다다른 사람이다. 이런 정도의 그릇이라면 스승이라고 특별히 편들지 않는다. 이 세 분의 평가는 객관적이고 정확하다. 재아가 말했다. '공자를 뵈올 적에 나는 그분이 늘 요임금보다 뛰어나다고 생각했다.' 자공은 말했다. '그 나라의 제사를 관찰하면 정치가 어떤지 알 수 있고, 음악을 들으면 도덕이 어떤지 알 수 있다. 지금부터 백 세대(약 3,000년) 뒤에 수많은 왕이 나오더라도 공자께서 하신 말씀을 넘어설 수는 없다. 지금까지 공자 같은 분은 없었고, 앞으로도 없을 것이다.' 유약이 말했다. '달리는 것 중에 기린이 제일 빠르고 나는 것 중에 봉황이 제일 빠르다. 산 중에는 태산이 제일 높고, 강 중에서 황하가 제일 길다. 사람도 마찬가지이다. 성인과 범인은 같은 사람일지라도 차원이 다르다. 사람 중에 우뚝 솟은 분은 오직 공자뿐이다. 유사 이래 공자 같은 분은 없다.'"

　맹자는 자신이 공자를 얼마나 깊이 존경하고 배우려 했는지 공자 제자들의 말을 인용해 심경을 토로했다. 또 공자의 학문을 이어 새로 열어 갔다는 자부심이 서려 있다. 공손추는 스승에게 직접 '부동심'이나 '호연지기'를 들었다. 그 누구도 누릴 수 없는 영광이었다. 공손추는 산 아래를 내려다봤다. 사방이 평원이다. 저 광야를 가득 채우는 호연지기란 무엇인가! 스승은 의로운 마음을 계속 키워 나가면 지극히 곧고 굳센 기운으로 천지를 덮을 수 있다고 했다. 공손추는 새삼 우러러 보이는 스승을 다시 쳐다봤다. 준엄한 역산도 맹자 앞에서는 초라하다. 공손추는 자신도 조금씩 변해 가는 것을 느꼈다.

인간의 본성은 선한가

"선생님, 고자께서 오셨습니다."

공도자의 목소리가 다급하다. 공도자는 제나라 직하에서 고자를 본 적이 있다. 날이 채 밝지 않은 새벽에도 손님을 한눈에 알아보았다. 직하에서 늘 맹자와 논쟁한 터라 고자가 찾아오자 공도자는 놀랐다. 맹자도 의관을 추스르지 않고 맨발로 고자를 맞았다. 고자는 고불해(告不害)를 높여 부르는 존칭이다. 자(子)는 선생님이라는 뜻이다. 묵자의 적통을 이었고, 제나라 선왕의 초청으로 제나라에 머물렀을 때 맹자를 만났다. 초겨울 새벽바람이 차다. 방 안으로 들어서자 고자 얼굴이 발그레 달아올랐다. 맹자는 의관을 챙기며 서로 예를 갖춰 인사를 나눴다. 고자는 버드나무 가지를 손에 쥐고 있었다. 맹자가 빙긋이 웃었다.

"선생도 어지간하시구려!"

고자도 같이 웃었다.

"제나라에서 못 다한 이야기를 나눌까 합니다."

맹자가 제나라를 떠나자 고자도 곧 직하 학궁을 나왔다. 고자는 맹자의 떠남이 못내 아쉬웠다. 세상이 돌아가는 추세를 함께 토론할 인물이 없었다. 정치가나 종횡가[13], 법가[14], 음양가[15] 같은 학파는 고자도 맹자도 싫어했다. 그들의 고식지계(姑息之計, 우선 당장 편한 것만을 택하는 꾀나 방법)로 천하의 혼란을 구할 수 없다고 생각했다. 차를 따르다 공도자는 선문답을 듣고는 어리둥절했다. 자칫 찻잔을 떨어뜨릴 뻔했다. 찻잔에 김이 모락모락 피어오른다.

"먼저 말씀하시지요!"

맹자가 허리를 곧추 세우면서 책상을 앞으로 당겼다.

"인성(人性)은 이 버드나무와 같고 의(義)는 버드나무로 만든 술잔과 같습니다. 인성을 바탕으로 인의를 실천한다는 것은 버드나무 술잔을 만드는 것과 같은 셈이지요."

제나라에서 맹자와 고자는 줄곧 인간의 본성에 대해서 이야기를 자주 나누었다. 맹자는 인간은 착한 본성을 타고난다고 주장했다[성선론 性善論]. 반면 고자는 인간의 본성은 선도 불선도 아니라고 팽팽히 맞섰다[성무선무불선론 性無善無不善論].

"사람이 인의를 타고나는 것이 아니라 후천적으로 배운다는 말씀인가요?"

맹자가 날카롭게 물었다.

"그렇소이다."

고자 역시 단호했다.

"버드나무 성질을 그대로 술잔을 만듭니까? 아니면 버드나무 성질을 해쳐서 술잔을 만드십니까?"

맹자가 다그치자 고자는 잠시 말을 잊는다. 맹자 제자들이 하나둘 모여들었다. 밖이 소란하자 고자가 바깥을 바라봤다. 더러는 낯익은 얼굴이다. 고자가 다시 입을 열었다.

"버드나무에 술잔을 만들 성질이 있어 술잔을 만들 수 있는 게 아닙니까? 그런데 선생께서는 '해친다'고만 하시는군요. 버드나무는 버드나무일 뿐 거기에 선이든 불선이든 가치를 규정할 수 없다는 말입니다. 사람도 다를 게 없지요. 환경에 따라 선인도 악인도 될 수 있습니다."

"흐흠!"

맹자는 짧게 헛기침만 했다. '인간만의 본성'이 없다면 과연 인간은 무엇인가! 외부의 힘에 따라 바뀌는 존재라면 인간의 자율성은 어디에 있단 말인가! 논리적으로 고자 말이 옳더라도 맹자는 그것을 받아들일 수 없었다. 고자 말대로라면 인간은 외부 환경에 좌지우지되는 타율적인 존재로 전락한다. 맹자는 도저히 그 부분을 묵과할 수 없었다. 고자가 사실에 집착하고 있다면 맹자는 마땅히 그래야 하는 당위(當爲)에 천착하고 있는지 몰랐다. 사실에는 가치 판단이 개입되지 않지만, 당위에는 가치 판단이 개입된다.

"버드나무가 술잔이 될 가능성이 있듯 사람에게도 인의를 실현할 가능성이 있다는 것입니다. 그 가능성은 인간에게만 고유한 것으로 여타 물건에게는 절대 없는 것이지요."

맹자가 불편한 심기를 누르며 차분히 말했다.

"누가 가능성이 없다고 했소! 단지 선악을 판단하지 말자는 것이지요!"

고자가 말을 받았다.

"가치 판단이 없는 사실이 무슨 의미가 있소!"

맹자가 언성을 높였다. 두 사람 사이에 팽팽한 냉기가 흘렀다. 눈치를 살피다 공도자가 조심스럽게 차를 따랐다. 고자는 공도자가 차를 내리는 모습을 가만히 지켜봤다. 짙은 차향이 방 안에 은은히 감돌았다. 고자가 먼저 말했다.

"인간의 성(性)이란 여울을 흐르는 물과 같소! 동쪽으로 터 주면 동으로 흐르고 서쪽으로 터 주면 서로 흐릅니다. 인성을 선이나 불선으로 규정할 수 없는 것도 물 자체에 방향성이 정해지지 않는 것과 같소!"

조금 전의 입장과 다르지 않다. 물은 환경에 따라 동서로 흐르듯 물 자체에는 방향성이 없다. 물에 방향성이 없듯 인성에는 선도 불선도 없다는 것이 고자의 입장이다.

"일면 타당하오. 그러나 물의 성질에 동서는 없을지라도 아래로 흐르는 성질은 있소. 물처럼 인성도 그런 성질이 있소. 바로 착한 본성 말이오. 물이 늘 아래로 흐르는 성질이 있듯 사람은 선한 본성을 타고 나는 것이오. 물을 손가락으로 치면 이마까지 튀어 오르게 할 수 있고 물을 막아 거꾸로 흐르게 하면 물을 산에 있게 할 수도 있소. 이 어찌 물의 본래 성질이라 말할 수 있겠소. 바깥 형세 탓이지요. 사람도 마찬가지입니다. 사람이 선하지 않게 된 것은 본성 탓이 아니라 외부 환경의 영향을 받은 것이오."

맹자는 열변을 토했지만 논리에는 결함이 많았다. 사실, 맹자의 입장과 고자의 입장은 원론적으로 크게 다르지 않다. 인간은 완전한 존재가 아니라 가능적인 존재라는 인식의 틀은 같다. 또 맹자가 아래로 흐르는 것이 물의 본성이라고 지적했는데 이 역시 오류이다. 물은 아래로만 흐르지 않는다. 액체에서 기체로 변할 때에는 위로 상승하기도 하고, 또 우리 몸의 혈류처럼 아래에서 위로 상승하기도 한다. 맹자가 말끝에 인간이 불선하게 되는 것은 환경 탓이라고 했는데, 이 역시 인간 본성의 한 측면에 불선의 가능성도 있다는 사실을 자인한 셈이다. 그러면 성선의 주장에 논리적 모순이 생긴다. 단지 맹자는 선한 인성에 대한 맹렬한 신념이 있었다. 가치와 당위에 집착한 나머지 사실을 왜곡하는 측면이 강했다.

고자는 맹자 말을 잠자코 듣고 있었다. 맹자의 논리가 깊어졌다는 것을 느꼈지만 방향은 달랐다. 맹자는 인성이 줄곧 선하다고 주장하는 반면, 고자는 인성을 미리 그렇게 규정할 수는 없다고 보았다. 지금 세태는 고자에게 '인간이 과연 선한 존재인가?' 하는 회의를 품게 만들었다. 맹자가 선한 인성을 실현하는 방안에 골몰했다면 고자는 달랐다. 인성 교육보다 외부 환경을 더 중시했다. 인간을 선한 존재로 이끌어 갈 정치 제도나 사회 규율을 중시했다. 맹자의 성선론과 고자의 성무선무불선론은 전국 시대 말기, 사상계의 유행을 주도했다.

훗날 순자는 이들의 학설을 여러 방면으로 검토하고 종합하여 인간의 본성이 악하다는 '성악설(性惡說)'을 주장했다. 맹자와 고자가 없었다면 순자는 인성론을 처음부터 새로 작업했어야 했을 것이다. 순자의 문하에서 이사와 한비자 같은 법가 사상가들이 나오고, 진시황이 이를 적극적으로 등용해 중원을 통일했다. 당시 맹자와 고자 자신들은 몰랐지만, 이날 나눈 대화는 중국 사상사를 관통하는 큰 물줄기의 시원이 되었다.

"선생과 성(性)을 보는 관점은 결코 좁혀지지 않는군요. 저는 '태어난 그대로의 모습을 성'이라고 생각합니다. 식욕과 색욕 같은 자연스러운 성향이 '성'이라고 생각합니다만⋯⋯."

고자가 조심스럽게 입장을 정리한다. 맹자가 바로 반격했다.

"그럼, 개의 성과 소의 성이 같으며, 소의 성과 사람의 성이 같단 말씀이십니까?"

"선생께서는 비약이 심하십니다. 같은 성이라고 해도 금수와 사람이 어찌 같단 말입니까? 금수는 태어나 성정을 변화시킬 수 없지만 사람은 변화시킬 수 있다는 말입니다. 그럼 선생은 성을 무어라 생각하십니까?"

격론 속에서도 고자는 품위를 잃지 않았다.

"인간만의 고유한 본성이 있지요. 금수와 다른 가치가 있다고 봅니다. 측은지심[16] 같은 것은 금수에게는 없지요."

맹자의 어투가 조금 부드러워졌다.

"측은지심이라 하심은?"

"아기가 아무것도 모르고 우물로 기어간다면 보는 사람은 누구라도 깜짝 놀라 달려갑니다. 아기 부모와 좋은 인연을 맺으려거나 동네 사람에게 칭찬받으려는 것이 아닙니다. 또 아이를 구하지 않았다고 평판이 나빠질까 걱정해서도 아닙니다. 측은한 마음이 들어 자연스럽게 그렇게 행동한 것이지 다른 목적은 없습니다. 생명을 사랑하는, 아이를 애처로워하는 이 마음을 측은지심이라고 하지요. 금수는 측은지심이 없습니다. 하여! 이 마음이 없으면 인간이라 할 수 없습니다. 인간과 금수의 차이는 이 선한 본성뿐입니다."

맹자는 단호하게 말을 맺었다. 고자도 맹자 의견에 어느 정도는 수긍했다. 자신의 성무선무불선론이나 맹자의 성선론은 궁극적 목적에서는 같다. 고자는 인간의 본질을 먼저 규정하지 않는 편이 인간에게 가능성이 더 열려 있다고 믿었다. 맹자의 인간관은 '선의 가능성'에만 매몰되었다고 생각했다.

"생명을 사랑하는 마음, 애틋하고 어진 마음을 제 어찌 모르겠습니까? 사랑의 힘은 위대하나 칼날 앞에는 속절없이 무너지는 것을요……."

고자는 혀를 차며 눈을 감았다.

"그래서 임금이 민심을 듣고 천명을 얻어 어진 정치를 펼쳐야 합니다. 선생이나 저나 세상을 이 때문에 떠돌지 않았던가요?"

맹자도 웃고 고자도 웃었다. 웃는 얼굴에 쓸쓸함이 묻어났다. 두 사람 모두 당대에는 뜻을 이루지 못했다.

"하나만 묻겠습니다. 지금 세상이 혼란한 까닭은 무엇이라 보십니까? 선생님 논리대로라면 말입니다."

고자는 맹자의 의견에 모두 동의하지는 않더라도 고견을 듣고 싶었다. 맹자가 말했다.

"간단합니다. 본래의 마음을 잃어버린 탓이지요."

"구방심(求放心, 잃어버린 마음을 찾는 것)!"

고자 말에 맹자는 고개를 끄덕였다.

"그렇습니다. 인(仁)은 본래 선한 마음이오, 의(義)는 사람이 가야 할 길입니다. 인의가 사라지면 금수나 다름없으니 천하의 혼란은 모두 여기에서 시작됩니다. 그런데도 잃어버린 마음을 찾으려 하지 않습니다. 세상에 이보다 더 슬픈 일이 어디에 있겠습니까? 집에서 키우던 닭이나 개가 없어져도 찾으려 애쓰는데 마음을 잃어버리고는 찾을 줄 모릅니다. 학문의 길은 다른 데 있지 않습니다. 이 잃어버린 마음을 찾는 것입니다."

"그렇다면, 사람은 왜 본래 제 마음을 잃어버립니까?"

맹자보다 몇 살 연상이지만, 고자는 주저하지 않고 물었다. 고자는 팔순에 가깝지만 학문에 대한 열정은 식을 줄 몰랐다. 호기심 어린 눈빛이 아기처럼 빛났다.

"제나라 우산(牛山)을 기억하시지요."

우산은 남교산(南郊山)이라고도 한다. 제나라 수도 임치에서 10여 리 거리에 있고 천제연(天齊淵)이라는 연못이 유명하다. 천제연에서 제나라의 국명이 유래했다는 학설도 있다.

"선생과 같이 구경 갔었지요."

"옛날에는 아름드리나무로 울창했지요. 한데, 임치 부근에서 나무꾼이 매일 같이 도끼질을 해 댑니다. 숲이 견디질 못하지요. 나무가 없어 사람이 한동안 드나들지 않자, 산이 서서히 살아나 새싹이 솟아났습니다. 숲이 우거지자 소와 양을 풀어놓으니 또 민둥산이 되었지요. 사람들은 옛날에 울창했던 우산을 모르고 지금 민둥산만 보고 본래 나무가 없던 산이라고 생각합니다. 민둥산이 어찌 본래 산의 성(性)이겠습니까? 사람도 다를 게 없습니다. 지금 모습을 보고 인의가 없었다고 하는 것은 우산이 본래 민둥산이라고 착각하는 것과 똑같습니다. 벌목하듯 양심(良心)을 베어 내니 양심이 남을 리가 있겠습니까? 사람도 우산처럼 나쁜 환경에 영향을 받지 않으면 양심이 다시 살아나고 본래 청명한 기운을 회복합니다. 소와 양이 우산을 짓밟듯 환경이 사람을 누릅니다. 환경과 욕망이 청명한 야기[17]를 망가트립니다. 이런 상태를 반복하면 야기를 보존할 수 없고, 야기를 보존할 수 없으면 금수와 다를 바 없습니다. 이런 모습만 보고 인간에게 선한 자질이 없다고 하는데, 어찌 그것이 사람의 본래 모습이겠습니까? 모든 사물을 제대로 기르면 성장하지 않는 것이 없습니다. 그렇지 않으면 본래 모습을 잃어버릴 뿐 아니라 생명마저 위태롭습니다. 공자께서 말씀하셨습니다. '잡으면 보존되고 놓으면 없어져서[조즉존사즉망 操則存舍則亡] 나가고 들어옴이 일정한 때가 없으며[출입무시 出入無時], 어디로 갈지 그 방향을 알 수 없는 것은 오직 사람의 마음을 두고 말한 것이다[막지기향유심지위여 莫知基鄉惟心之謂與].' 이는 마음을 두고 하신 말씀입니다."

맹자의 말은 장강처럼 유유히 흘렀다. 초롱초롱 눈이 빛나는 이가 있는가 하면, 하품하다 눈물을 흘리는 이도 있었다. 고자는 눈을 감고 맹자의 말을 경청했다. 숙연한 분위기가 감돌 정도였다. 공도자는 두 거장의 진지한 열정에 깊이 감동 받았다. '세상을 떠날 날이 얼마 남지 않은 노인이 아닌가! 자신의 안위보다 천하와 백성을 걱정하다니. 보통 사람은 저런 인격을 가질 수 없다.' 공도자는 더 깊이 공부해 스승처럼 되겠다고 다짐했다. 초겨울 역산은 해가 짧았다. 두 사람이 침묵하는 사이 승냥이 울음소리가 멀리서 들렸다. 마지막 만남일지도 모른다는 생각에 고자와 맹자는 자리를 뜰 줄 몰랐다. 고자가 또 물었다.

"그래서 선생께서 늘 인정(仁政), 인정 하시는군요!"

"그렇습니다. 왕이 어떻게 정치하느냐에 따라 백성은 성정이 바뀔 수밖에 없지요. 백성은 생업이 바빠 마음을 다스릴 여유가 없지 않습니까? 우선 생활을 안정시키고 다음에 가르쳐야 합니다. 왕이나 탐관오리 창고는 곡식이 썩어 나가는데 굶주린 백성은 피골이 상접합니다. 흉년에는 세금이 줄어들지 않고 풍년에는 더 거둬 갑니다. 어리석은 군주는 소진이나 장의 같은 종횡가에 속아 전쟁만 일삼고 백성의 안위는 돌보지 않습니다. 전장에 끌려가 남편이 돌아오지 않아 집집마다 아낙의 울음이 그치지 않습니다. 왕이 소인배의 말에 현혹되지 말고 본래 인성을 찾아야 합니다. 제 자식을 사랑하듯 백성을 돌보면 천하는 곧 안정될 것입니다. 백성의 원성에 저는 아직 밤잠을 이루지 못합니다."

고자는 백성의 신음을 들은 듯 몸서리친다. 바람은 더욱 스산했다. 철학적 입장은 달랐지만 고자는 맹자의 말에 공감했다. '인간의 본성'을 어떻게 규정하느냐에 따라 정치 제도나 교육 방식은 달라질 수밖에 없다. 맹자는 인성을 신뢰하며, 인성을 제대로 발현하는 방법에 몰두했다. 반면, 고자는 인성에 대해 선악을 규정하지 않으면서 외부 힘으로 인성을 만들어 가야 한다고 생각했다. 맹자가 걱정하는 것은 이 부분이었다. 자칫 형벌로 인간을 제약하고 다스릴 가능성이 있기 때문이다. 백성을 강하게 다스리고 통제해야 한다는 전제 정치에 근거를 둘 수 있다. 맹자의 주장에 따르면 인간은 자율적 인간으로 성장하지만, 고자의 입장을 따르면 타율적 인간으로 추락한다. 고자가 의도하지는 않았지만 그의 학설에는 그런 위험이 내포된 것이다. 그래서 맹자는 때론 강하게 고자를 비판한 것이다.

고자와 맹자는 한참 서로를 쳐다보았다. 어쩌면 마지막 만남이다. 눈가에 작은 이슬이 맺혔다. 고자가 맹자 철학을 받아들였는지는 아닌지는 모른다. 고자는 자기 입장을 완강하게 고집하지 않고 맹자에게 묻고 들었다. 맹자도 그 마음을 넉넉히 헤아렸다. 멀리서 찾아온 친구를 위해 열성을 다해 생각을 설명했다. 그것으로 충분하다. 옳고 그름은 역사가 판단할 일이다. 맹자는 고자를 마을 어귀까지 전송했다. 고자가 어둠 속으로 사라져도 맹자는 한동안 우두커니 서 있었다. 서쪽 하늘에서 유성이 길게 꼬리를 물고 떨어졌다.

인간의 본성은 선한가

7

[13] 종횡가(縱橫家): 중국 전국 시대에 제자백가 가운데 제후들 사이를 오가며 여러 국가를 종횡으로 합쳐야 한다는 합종책(合縱策)과 연횡책(連衡策)을 논한 분파. 소진과 장의 등이 대표적인 사람이다.

[14] 법가(法家): 제자백가 가운데 관자(管子), 상앙(商鞅), 신불해(申不害), 한비자 등의 학자. 또는 그들이 주장한 학파. 도덕보다도 법을 중하게 여겨 형벌을 엄하게 하는 것이 나라를 다스리는 기본이라고 주장하였다.

[15] 음양가(陰陽家): 천문(天文), 역수(曆數), 풍수지리 따위를 연구하여 길흉화복을 예언하는 사람.

[16] 측은지심(惻隱之心): 사단(四端)의 하나. 불쌍히 여기는 마음을 이른다. 인의예지(仁義禮智) 가운데 인에서 우러나온다.

[17] 야기(夜氣): 사물과의 접촉이 없는, 따라서 물욕(物欲)이 일어나지 않는 야간의 평정하고 맑은 기상을 가리킨다.

차별적인 사랑

역산의 겨울은 매서웠다. 역산만 우뚝한 황량한 벌판에 북풍이 휘몰아쳤다. 저녁이면 바람을 탄 통곡 소리가 그치지 않았다. 늙은이는 추위와 굶주림을 견디지 못해 세상을 버렸다. 장정은 전장에 끌려가고 아낙은 적막한 겨울 홀로 숨죽이며 울었다. 겨울을 넘길 양식을 세금으로 빼앗긴 지 오래이다. 젖먹이는 배고파 울다 지쳐 잠들었다. 백성의 신음을 들은 듯 역산도 가끔 몸서리쳤다.

군마가 천하를 어지럽힌 지 어느덧 400년이 지났다. 백성도 왕도 진절머리를 쳤다. 천하의 모두가 전쟁을 끝내고 싶었지만, 아무도 패자(敗者)가 되고 싶지는 않았다. 제후가 아니라 천자가 되어 천하를 손안에 넣고 싶어 했다. 제후들은 오직 부국강병만을 추구했다. 진(秦)은 상앙에게 국정을 맡겨 세력을 키웠고, 초와 위는 오기[18]를 번갈아 등용하여 한때 중원의 패권을 잡기도 했다. 제나라는 전기와 손자를 써 천하를 호령했다. 중원의 제후는 효과가 빠른 법가, 종횡가, 군사 전문가를 좋아했다. 이들은 뭉치고 흩어지기를 거듭하면서 오로지 제 이익만을 추구했다. 의리도 명분도 없었다. 오직 전쟁에 이 길 길만 골몰했고 전쟁만이 전쟁을 해결할 수 있다고 생각했다.

맹자와 묵자만이 중원에서 생각의 결이 달랐다. 전쟁은 또 다른 전쟁을 부를 뿐 진정한 평화는 전쟁에서 오지 않는다고 주장했다. 맹 자는 인간의 본래 선한 마음에 호소했고, 묵자는 차별 없는 사랑[겸 애 兼愛]을 주장했다. 중원에서는 맹자와 묵자가 현실을 모른다고 손 가락질했다. 그럴수록 맹자는 더 당당했고, 묵자는 중원의 평화를 위 해 자신의 모든 것을 희생했다.

한편, 맹자와 묵자도 방법에선 달랐다. 맹자는 제 아버지를 먼저 사랑하고 이웃 어른을 섬겨야 한다고 했고, 묵자는 남의 아버지도 제 아버지처럼 똑같이 사랑해야 한다고 했다. 이들도 하늘의 뜻을 모 른다며 서로를 비난했다. 맹자는 묵자의 사상을 받들고 실천하는 집 단인 '묵가'를 관자나 상앙 같은 법가 못지않게 싫어했다. 상앙이 잔 혹한 형벌로 인간의 본성을 해치고, 묵가는 겸애로 천륜을 어지럽힌 다며 날을 시퍼렇게 세워 성토했다. 맹자는 묵가가 천하를 더 혼란에 빠뜨린다고 생각하여 기회가 있을 때마다 묵가를 비난했다.

밤이 깊어 가자 바람이 숨죽였는지 울음소리가 잦아들었다. 초 겨울인데도 맹자 이마에 굵은 땀방울이 맺혔다. 천하 백성의 고통을 아파하고 있는 것이다. 맹자가 홀로 깊은 숨을 몰아쉬고 있는데 제자 서자(徐子)가 방문을 조용히 두드렸다.

"과객이 선생님 뵙기를 청합니다."

"누구라 하더냐?"

서자가 주저하는 기색이다.

"자세히 모르나, 행색이 몹시 남루합니다. 얼굴빛이 먹물처럼 검고, 맨발에 손은 거칠기 짝이 없습니다."

방 안에서 큰 기침 소리가 나더니 한동안 잠잠해졌다. 서자는 안절부절 어쩔 줄 몰랐다. 과객과 서자는 전부터 알던 사이이다. 찾아온 길손은 묵자의 제자 이지(夷之)였다. 서자는 스승이 묵가를 격렬하게 비판하는 것을 여러 차례 들었다. 스승에게 어떤 반응이 나올지 짐작했지만, 이지의 간청도 거절할 수 없었다. 서자는 이래저래 입장이 난처했다.

"나도 만나고 싶지만, 오늘 몸이 많이 불편하다. 좀 나아지면 내가 찾아갈 테니 오늘은 오시지 말라고 전하여라!"

맹자는 신분의 높고 낮음을 막론하고 예만 갖추면 모두 만났다. 아무리 싫어하는 묵가라고 해도 만나자는 청을 명분 없이 거절할 수는 없었다. 병을 핑계로 자기 뜻을 완곡하게 전한 것이다. 맹자는 거절하는 것도 하나의 가르침이라고 생각했다. 거절당하는 쪽에게 생각할 틈을 남겨 주는 배려이기도 했다.

서자가 물러나고도 한참 동안 맹자는 표정이 굳어 있었다. 묵가에서 맹자가 부모상을 치른 일을 두고 거세게 비난한 일이 떠올랐다.

아버지와 어머니 장례의 격식이 달랐고, 또 지나치게 화려해 낭비가 심하다고 몰아세웠다. 묵가에서는 장례를 치르는 비용 때문에 가정이 무너지고 국가가 망한다고 주장했다. 맹자는 생각이 달랐다. 자신의 지위와 빈부에 따라 격식을 갖추어야 한다고 생각했다. 아버지 장례를 치를 때는 지위가 낮았고, 어머니 상을 치를 때에는 대부(大夫)까지 승진했다. 그래서 아버지 상 때에는 검소하게 치를 수밖에 없었지만, 어머니를 보낼 때는 경제적 여유가 있어 정성을 다했다. 묵가는 맹자가 처한 상황을 고려하지 않고, 무턱대고 따지고 들었다.

묵가는 유가에서 주장하는 삼년상도 '후장구상(厚葬久喪, 장례가 사치스럽고 시간이 길다는 뜻)'이라고 반대하며 짧고 간소하게 치르자고 주장했다. 맹자는 공자의 뜻을 따라 삼년상은 자식이 부모의 은혜에 보답하는 자연스러운 마음이라는 뜻을 굽히지 않았다. 맹자는 공자가 재아에게 한 말씀이 떠올라 씁쓸하게 웃었다.

어느 날 공자의 제자 재아(宰我)가 스승에게 물었다.

"선생님. 삼년상은 기간이 너무 긴 것 같습니다. 군자가 3년 간 예를 행하지 않으면, 백성에게 예가 서지 않고, 음악을 살피지 않으면 음악도 무너집니다. 옛 곡식을 다 먹고 새 곡식이 자라는 데 1년이 걸립니다. 불을 지피는 나무도 1년이면 다 자랍니다. 자연의 섭리가 그렇듯, 부모상은 1년이면 충분한 것 같습니다."

공자는 실망한 듯 표정이 어두워졌다. 재아를 찬찬히 내려다보며 말했다.

"너는 부모님이 돌아가셨을 때 쌀밥을 먹고 비단옷을 입으니 마음이 편하더냐?"

재아가 거리낌 없이 바로 말을 받았다.

"예!"

공자 얼굴에 얼음처럼 찬 기운이 감돌았다.

"네가 편안하다면 그렇게 해라! 군자는 부모님 상을 당하면 맛있는 음식을 먹어도 달지 않고, 음악을 들어도 즐겁지 않으며 어딜 가도 마음이 편하지 않다. 그래서 1년 상을 하지 않는다. 네가 편안하다면 그렇게 해라!"

공자가 같은 말을 반복하면서 거듭 재아를 질책했다. 재아가 말을 잃고 우두커니 서 있다 나갔다. 제자들은 공자 표정을 살피며 전전긍긍이었다. 재아가 빠져나간 문을 공자는 싸늘하게 응시했다. 그리고 천천히 입을 떼었다.

"재아는 불인(不仁)한 놈이구나! 자식이 태어나 3년이 지나야 부모 품을 벗어나거늘. 삼년상은 천하 모든 사람이 치르는 법도이다. 재아라는 놈은 부모의 사랑을 받지 못했는가 보다!"

다른 사람을 가르치거나 평가할 때 공자는 온화한 어조로 핵심을 짚어 갔다. 그러면서 듣는 사람의 발전 가능성을 최대한 열어 두었다. 평소 태도와 비교하면 '불인하다'는 평가는 최극단으로 간 날카로운 언어였다. 공자에게서 사람은 곧 어진 존재이므로, '불인하다'는 것은 사람이 아니라는 의미나 마찬가지였다. 맹자에게 묵가란, 공자에게 재아 같은 존재였다. 공자는 재아가 말과 행동이 일치하지 않는다고 자주 꾸짖었다. 묵가의 주장은 그럴듯하지만, 허울뿐인 언사로 백성의 이목을 현혹했다. 중원에서 묵가를 따르는 무리가 점점 늘고 있었다. 맹자는 이런 현실에 격분했다. 그러던 차에 이지가 찾아온 것이다.

먼동이 밝아 오자 서자가 또 이지가 왔다고 아뢰었다. 맹자는 거듭 거절할 수 없어 허락했다. 이지가 예를 갖추고 자리를 잡아도 맹자는 반가운 기색을 보이지 않았다. 냉랭한 기운마저 감돌았다.

이지는 유가에서 주장하는 차별적 사랑이 이 전란의 시대에 오히려 더 혼란을 부추긴다고 생각했다. 그래서 묵적(墨翟, 묵가의 시조)이 주장한 겸애를 맹자에게 설득하려 먼 길을 달려온 것이다. 장례에 관한 견해 차이도 사실 여기에서 비롯되었다.

"그래, 묵자께서 무어라 하시면서 삼년상을 반대하셨소?"

두 학파가 가장 첨예하게 대립하던 문제를 맹자가 바로 꺼냈다. 그러면서도 맹자는 이지를 함부로 대하지 않았다. 맹자는 묵자보다 어리지만 이지보다는 나이가 많았다. 맹자는 묵적을 높여 묵자라고 불렀다. 나이가 어리더라도 다른 학파라면 예를 갖추었다.

"주변 이목을 우려해 장례를 성대하게 치르다 보니, 국가나 백성이 모두 가난해진다고 했습니다."

"공자께서 장례를 성대하게 치르라고 말씀하신 적이 없소. 형편에 맞게 하시라고 하셨고 겉치레보다 마음과 정성을 다하라 누누이 말씀하셨소."

맹자는 공자 말을 인용했다. 임방이 예의 근본을 물었을 때 공자가 한 말이다. 《논어》에도 기록이 남아 있다.

"하오나, 현실은 그렇지 않지 않습니까? 관리는 삼년상을 치르느라 관청이 나가지 않아 정치가 무너졌고, 백성은 집안일을 돌보지 못해 가산을 탕진하기도 했습니다. 그런데도 유가에서는 이를 인의(仁義)라며 권장하지 않습니까?"

이지도 호락호락 넘어가지 않았다. 공자와 맹자의 주장은 현실과 달랐다. 장례를 화려하게 치르다 귀족은 파산했고 백성은 더 가난해지기도 했다. 그래서 묵가는 공자 일파를 비판하면서 장례를 검소하게 치를 것을 주장한 것이었다.

"공자께서는 그런 일을 두고 인의라고 말씀하신 적 없소. 내 거듭 말하지만 공자께서는 허례뿐인 절차는 몹시 싫어하셨소. 장례는 자식이 부모 잃은 마음을 표현하는 형식일 뿐이오. 그대들은 묵자의 입장을 정당화하고 우리를 비난하려고 그저 견강부회(牽强附會, 이치에 맞지 않는 말을 억지로 끌어 붙여 자기에게 유리하게 함)하고 있소. 내 듣건대, 이지 선생도 부모님 장례를 아주 후하게 치렀다하더군요. 그럼 자가당착(自家撞着, 같은 사람의 말이나 행동이 앞뒤가 서로 맞지 아니하고 모순됨)이지 않소."

이지가 할 말을 잃었다. 맹자는 틈을 주지 않고 바로 말을 이어갔다.

"부모 잃은 자식 마음을 헤아린다면, 장례를 후하게 치르니 박하게 치르니 그런 논의는 참으로 무의미하오."

"진정 그렇다면 묵자께서 반대하지 않을 것입니다. 묵자께서는 천하가 제 것만 챙기는 이기심 탓에 세상이 혼란에 빠졌다고 하셨습니다. 제 아버지만 사랑하고 남의 아버지는 사랑하지 않는 것처럼 말입니다."

견해가 달랐지만, 이지는 맹자를 지극히 존중했다. 묵자가 죽은 이래 중원에서 진정으로 평화를 갈망하는 사상가는 없었다. 엄격한 형벌로 백성을 다스리고자 하는 법가나 세치 혀로 중원을 좌지우지하는 종횡가가 천하를 주름잡았다. 맹자는 이들과 달랐다. 묵자와 맹자는 어떤 면에선 길이 같다고 생각했다. 맹자도 스승도 모두 사랑의 실천을 주장했지만, 단지 겸애와 별애(別愛)라는 방법의 차이만 있을 뿐이었다. 겸애가 모두들 똑같이 사랑하자는 주장이라면, 별애는 친근함의 정도에 따라 사랑에 차등을 두자는 주장이다.

"내 아버지나 네 아버지를 모두 똑같이 사랑하자?"

맹자의 말끝이 올라간다. 이지가 재빨리 그 말을 받았다.

"하늘이 만백성을 두루 사랑하듯 사람도 하늘의 뜻을 본받아야 한다고 했습니다."

"무엇으로 하늘이 만백성을 두루 사랑하는 것을 아는가?"

맹자는 격앙된 감정을 누르려 애쓰면서 말끝을 살짝 낮췄다.

"하늘은 백성을 차별하지 않고 먹여 줍니다. 이를 두고 겸사(兼食)라고 합니다. 또한……."

이지가 말을 잠시 멈추고 맹자 표정을 살폈다.

"예부터 지금까지 대국, 소국 할 것 없이 천하의 모든 나라가 희생과 제물을 갖춰 상제나 산천께 제사를 지내 왔습니다. 모두 똑같이 하늘의 사랑을 받아서 보답하려고 경건히 제사를 받드는 것입니다. 이로써 하늘이 겸애하심을 알 수 있습니다."

맹자가 우두커니 이지를 쳐다보며 한참 생각에 잠겼다. 공자가 돌아가시고 공자의 제자들은 중심을 잃고 뿔뿔이 흩어졌다. 공자가 총애했던 안연과 자로는 공자보다 먼저 죽었고, 자하, 자장, 자유, 염유 등 모두 제 갈 길을 갔다. 그사이 묵적이 나와 공자를 정면 비판하면서 세력을 키워 나갔다. 묵자는 공자 사상을 별애라고 비판하면서 겸애를 주장했다. 장례와 음악에 대한 견해도 공자와 달랐다. 겸애는 침략 전쟁을 반대하는 비공(非攻)과 평화주의로 중원에서 큰 호응을 얻었다. 묵자가 진가를 발휘한 것은 초나라가 약소국인 송나라를 침략하려 할 때였다.

공수반은 무기의 장인이었다. 공수반은 초나라를 위해 구름사다리[운제 雲梯]를 발명하여 송나라를 침공하려 했다. 묵자는 이 소식을 듣고 제나라에서 출발하여 열흘 밤낮을 달려 남쪽 초나라 도읍인 영성에 도착해 바로 공수반을 찾아갔다. 공수반이 시큰둥하게 묵자를 맞았다.

"선생께서 저에게 무슨 가르침을 주려 오셨는지요."

공수반도 익히 묵자의 명성을 들은 터라 나름 예를 갖췄다.

"북쪽에 나를 모욕하는 사람이 있어 그대 힘을 빌려 처단하려고 하오."

묵자가 공수반을 힐끗 쳐다보며 말을 건넸다. 공수반은 표정이 굳은 채로 말이 없었다. 묵자가 다시 말했다.

"황금 10근을 드리겠소."

"저는 의로움을 실천하는 사람이기에 함부로 살인하지 않습니다."

공수반이 정색하고 나섰다. 그러자, 묵자가 벌떡 일어나 절을 두 번 했다.

"드릴 말이 있습니다. 제가 북쪽에서 선생께서 구름사다리를 만들어 송나라를 치려 한다는 소식을 들었습니다. 송나라가 무슨 죄를 지었습니까? 초나라는 땅이 남아도는데 백성은 턱없이 부족합니다. 인구도 적은데 인명 손실을 감수하면서 영토를 넓힐 필요가 있습니까? 이는 지혜롭지 못한 행동입니다. 또 송나라가 죄도 없는데 공격하는 건 어진 일이 아닙니다. 이런 사실을 훤히 알면서도 군주께 간언하지 않은 것은 충신의 행실이 아닙니다. 의로움을 행하신다고 하고서 한두 사람을 죽이는 대신 많은 사람을 죽인다면 의(義)의 뜻을 제대로 안다고 할 수 없습니다."

공수반은 묵자의 말에 크게 깨달은 듯 얼굴이 상기되었다. 묵자가 때를 놓치고 않고 바로 말을 이었다.

"잘 아시면서도 왜 공격을 멈추지 않으시오?"

공수반이 난처한 듯 주저했다.

"초나라 왕께 이미 보고드려서 제 마음대로 철회할 수 없습니다."

"그럼, 내가 왕을 뵐 수 있도록 주선해 주시오."

공수반이 고개를 끄덕였다. 이튿날 공수반은 묵자를 초나라 왕에게 소개했다. 묵자는 곧장 본론으로 들어갔다.

"이런 사람이 있습니다. 자기 수레가 아주 좋은 데 이웃의 헌 수레를 훔치려고 합니다. 제 비단옷을 두고 이웃의 헤진 옷을 몰래 가져오려고 합니다. 이런 사람을 어떻게 평가하시겠습니까?"

왕은 멋쩍은 듯 웃으며 대답했다.

"도둑질이 몸에 밴 탓이겠지요?"

"초나라는 영토가 사방 5천 리이고 송나라는 5백 리에 불과합니다. 지금 초가 송을 공격하는 것은 마치 제 좋은 수레를 두고 이웃헌 수레를 훔치는 것과 다를 바 없습니다. 초나라 운몽(雲夢)이라는 호숫가에는 물소, 외뿔소, 고라니, 사슴 같은 들짐승이 넘쳐 나고 강수와 한수에 자라, 악어 등이 가득한 천하제일의 부국입니다. 송나라는 꿩이나 붕어조차 없는 가난한 나라입니다. 초가 송을 탐하는 것은 곧 비단옷을 두고 헌옷을 훔치려 드는 꼴입니다. 사정이 이런데도 송나라를 공격하신다면 대왕의 명예만 실추시킬 뿐 아무것도 얻지 못할 것입니다."

묵자의 달변에 초왕도 수긍하는 듯했다.

"좋은 말씀이오. 허나 내 비록 일국의 왕이나 신하와의 약속을 함부로 저버릴 수 없소. 공수반이 초나라를 위해 애써 운제를 만들었으니 송을 칠 수밖에 없지 않겠소?"

"만약 운제가 쓸모가 없다면 대왕께선 공격을 멈출 것입니까?"

"공수반과 담판 지으시오."

묵자는 허리띠를 풀어 성을 만들고 나무젓가락으로 방어할 태세를 갖추었다. 공수반이 운제 모형으로 성을 공격했다. 공격 방법을 아홉 번 바꾸었지만, 묵자는 번번이 막아 냈다. 공수반은 더 이상 성을 공격할 방법이 없었다. 묵자는 아직 수비 방법이 여럿 남아 있었다. 마침내 공수반이 포기했다. 그러면서 여전히 여유만만하게 묵자를 보고 말했다.

"저는 선생님을 이길 자신이 있지만, 말하지 않겠습니다."

묵자도 속마음을 읽고서는 웃으며 대답했다.

"나도 선생이 날 막을 방법이 있다는 걸 알지만 저 역시 말하지 않으렵니다."

초왕은 지켜보다 선문답 같은 대화를 이해하지 못해 까닭을 물었다. 묵자가 대답했다.

"공수반 선생의 최후의 방법은 저를 죽이는 것입니다. 제가 사라지면 송나라는 운제 공격을 막아 내지 못하리라 생각하고 계십니다. 이는 분명 공수반 선생이 잘못 알고 계시는 것입니다. 저에게는 금골회 등 제자가 300명 있습니다. 이들은 이미 송나라 성 위에서 초나라 군대를 기다리고 있습니다. 저를 죽일 수 있을지라도 저들까지 모두 죽일 수는 없으니 초나라는 반드시 패할 것입니다."

초왕은 묵자의 말을 듣고 등골이 오싹해졌다. 묵자나 제자들은 죽음을 불사하면서 신의를 지킨다는 사실을 잘 알고 있었다. 왕은 공수반과 눈빛을 주고받더니 송나라를 공격하지 않겠다고 묵자에게 약속했다. 이 소문은 곧 중원에 파발마보다 빨리 퍼져 나갔다. 이후 묵자의 명성은 드높아졌고 추종하는 무리가 더욱 늘어났다.

천하가 묵자를 영웅으로 받드는 게 맹자는 못마땅했다. 묵자는 초나라 왕의 마음을 움직였어야 했다. 인간의 본래 선한 마음을 움직인 것이 아니기에 한갓 술수에 지나지 않는다고 맹자는 생각했다. 공격 기술이나 무기가 더 발명되고, 묵자 무리가 사라진다면 전쟁을 막을 수 없지 않은가! 이것은 단지 미봉책에 지나지 않는다. 맹자 눈에 묵가는 늘 저렇게 천하를 현혹하는 것으로 보였다.

"그대는 진정 내 자식과 남의 자식이 똑같이 보이는가?"

긴 침묵 끝에 맹자가 운을 떼자 이지는 당황했다.

"묵자께서 그런 구분이 혼란의 원인이라고 누차 말씀하셨습니다. 자식은 제 몸만 아끼면서 부모는 사랑하지 않고, 신하도 제 잇속만 차리면서 군주를 돌보지 않습니다. 나라도 역시 마찬가지입니다. 만약 자식이 부모를 자신을 아끼듯 사랑하고, 신하가 군주를 자신처럼 똑같이 사랑하고 나라도 이웃나라를 제 나라처럼 사랑한다면 혼란이 사라지고 서로 이로울 것이라고[교상리 交相利] 했습니다. 공자를 모시는 학파인 유가에서도 '약보적자(若保赤子)'라고 하지 않았습니까?"

"약보적자가 무슨 뜻인지 아는가?"

"옛날 성왕은 모든 백성을 아이 돌보듯이 했다는 뜻이라고 들었습니다. 저는 이 말이 차별 없는 사랑이라고 생각합니다. 그렇다면 유가나 저희 묵가나 같은 주장을 하고 있는 게 아닙니까?"

맹자 얼굴에 노기가 스쳐 갔다. 북풍이 거세졌는지 창밖의 메마른 나무가 가지를 떨어뜨린다. 둘 사이에 활시위를 당긴 듯 긴장이 팽팽하다. 서자는 불호령이 떨어질까 불안해하며 맹자를 연신 쳐다봤다.

"본래의 뜻도 모르고 함부로 단장취의(斷章取義, 남이 쓴 문장이나 시의 한 부분을 그 문장이나 시가 가진 전체적인 뜻을 고려하지 아니하고 인용하는 일) 하지 마시오. 약보적자는 그대가 말하는 뜻이 아니오. 성왕께서나 공자께서도 결코 그런 뜻으로 말씀하신 적 없소. 내 다시 묻겠소. 내 아이와 이웃 아이와 동시에 우물에 빠지려 한다면 누굴 먼저 구하겠소?"

이지가 머뭇거리면서 답을 못했다. 서자가 답을 재촉하는 듯 곁눈질했다.

"나 역시 묵자께서 하시고자 하는 근본에 대해서는 의견이 같소만, 허나 길을 잘못 들면 오히려 혼란만 더할 수 있소."

이지는 의미를 제대로 짚지 못한 표정이다.

"제 자식이 우물에 빠지려고 한다면 세상 모든 부모는 당연히 제 자식을 먼저 구하려 들 것입니다. 사람의 마음은 다 같겠지요. 하늘이 인간을 본래 그렇게 내셨습니다. 둘을 동시에 구할 수 있다면 더할 나위 없겠지만, 사람의 힘으로 어쩔 수 없다면 자연히 하늘의 질서를 따르게 되지요. 사랑은 그래서 가까운 것에서 먼 것으로 옮겨 갑니다. 내 자식을 먼저 돌보고, 다음에 이웃집 자식을 돌보고,

나아가 세상 모든 자식을 돌보게 되는 것입니다. 약보적자도 이런 맥락에서 읽어야 합니다. 겸애를 주장하신 묵자께서 천리를 저버린 것이지요."

묵자가 천리를 저버렸다는 말은 이지에게 큰 충격으로 다가왔다. 맹자의 논리에 허점이 없어 보였다. 이지는 혼란스러워 한참을 뒤척였다. '사랑으로 평화로운 세상을 만들자는 취지는 같지만, 길이 이렇게 다르단 말인가! 그럼 스승의 길은 틀렸고 맹자가 옳단 말인가?' 이지의 생각은 엉킨 실타래처럼 천 갈래 만 갈래로 갈라졌다. 한참 궁리하다 스승이 자주 인용한 《시경》의 한 구절을 떠올렸다.

"전해 오는 옛 노래가 있습니다. '왕도는 넓고 넓어 치우치거나 기울어지지 않네. 화살처럼 곧고, 숫돌처럼 평평하네. 군자는 이를 지켜야 하고, 소인은 이를 본받아야 하네.' 주나라의 문왕과 무왕이 하신 정치를 칭송한 시입니다. 유가에서는 문왕과 무왕을 높이 받든다고 들었습니다. 그럼 문왕과 무왕이 하신 대로 한쪽으로 치우치거나 기울이지 않고 천하 모두를 고르게 사랑해야 하지 않습니까?"

"허허!"

혀를 차며 맹자는 안타까운 듯이 이지를 바라봤다.

"문왕이 무왕께서 부당불편(不黨不偏, 치우치거나 기울지 않음)하지 않은 것은 사실이오. 허나 먼저 효를 다하고 이웃 어른을 섬겼으며, 자식을 먼저 사랑하고 이웃 자식을 사랑하셨습니다. 부모께 효를 다하는 마음이 있고서야 다른 이웃을 섬길 수 있으며, 제 자식을 사랑하는 애틋한 마음이 먼저 서야 이웃 자식도 살필 수 있는 것입니다. 《시경》에 역시 이런 말도 전합니다. '형우과처(刑于寡妻), 지우형제(至于兄弟), 이어우가방(以御于家邦)'. 즉 먼저 처자에게 모범이 되고, 형제로 나아가며 나라 전체로 크게 펼쳐 간다는 뜻입니다. 사랑도 이와 마찬가지입니다. 가장 가까운 곳에서 먼 곳으로 실천해 가는 것이지 무턱대고 모두를 똑같이 사랑할 수는 없습니다. 근본이 서면 말단은 저절로 따라옵니다. 그대들처럼 모두를 사랑하자면 실천이 어려운 공허한 이상에 지나지 않습니다. 그러면 그대의 뜻을 이루지 못할 뿐만 아니라 천하가 외면할 것입니다. 더군다나……."

맹자는 말을 잠시 끊고 이지를 살폈다. 맹자는 이지가 어느 정도 이해했는지 가늠했다. 이지가 목석같은 존재라면 새삼 말해 무엇 하랴! 말도 잃고 사람도 잃는다. 시간이 꽤 흘렀는데도 이지는 자세가 바르고 눈빛도 여전히 빛났다. 맹자는 때가 되었음을 느꼈다.

"만약 제 아버지나 이웃 아버지를 똑같이 사랑하자면 이는 애비가 없는 자식이나 다름없소. 그대들의 겸애는 곧 무부(無父)요. 자식 없는 부모는 있어도 부모 없는 자식은 없다고 했소. 그대여! 부디 사람의 본래 성정을 헤아리시오."

무부라는 말이 이지에게 청천벽력처럼 다가왔다. 마정방종(摩頂放踵, 정수리부터 발꿈치까지 모두 닳는다는 뜻으로 온몸을 바쳐서 남을 위하여 희생함을 이르는 말). 이마가 발꿈치까지 이를 정도로 천하 사람을 위해 달려 왔건만 그 모두가 부질없는 짓이었던가! 스산했던 지난 세월이 빠르게 지나갔다. 마음이 밝아졌다. 이지는 성큼 일어서 맹자에게 큰 절을 올렸다.

"소자, 스승께 삼가 예를 갖춥니다."

맹자는 절하지 말라 손짓했지만 이지는 멈추지 않았다. 곁에서 예의주시하던 서자도 이제야 마음이 놓여 환히 웃었다. 맹자는 선각자로서 소임을 다해 흐뭇한 표정이다. 음력 11월의 북풍이라 여전히 매섭다. 그러나 바람이 마냥 차지만 않다. 찬바람 속에 양의 기운이 조금씩 자라고 있다. 그래서인지 음력 11월을 양월이라고도 부른다. 전쟁의 시대, 맹자는 새싹의 희망을 보았다. 아무리 찬바람이라도 미약하나 따뜻한 기운이 자라듯 이 냉전의 시대에도 평화의 기운이 서려 있다. 맹자는 후학이 그 길을 열어 갈 것이라 믿어 의심치 않았다.

[18] 오기(吳起): 중국 전국 시대의 병법가로, 증자(曾子)에게 배우고 노(魯)나라, 위(魏)나라에서 벼슬한 뒤에 초(楚)나라에 가서 도왕(悼王)의 재상이 되어 법치적 개혁을 추진하였다. 저서로는 병법서 《오자(吳子)》가 있다.

차별적인 사랑

8

9

천명을 받은 혁명

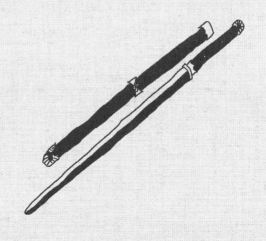

"백이는 어떤 분이십니까?"

만장은 스승의 안색을 살피며 조심스럽게 말문을 열었다. 만장은 스승이 꼿꼿하게 정좌했다가도 가끔 고개를 떨구는 모습을 몇 번이나 보았다. 눈에 띄게 쇠약해졌다. 서릿발 같은 기상도 세월의 무게를 이기지 못하는가. 그런 생각이 들자 만장은 가슴이 여민다. 맹자는 천천히 고개를 올렸다. 맹자는 제자가 물어 올 때마다 생기를 되찾은 듯 화색이 돌았다.

맹자는 제자에게 한없이 다정했다. 신산한 여정을 뒤로 하고 낙향 무렵에 맹자는 군자삼락(君子三樂)을 자주 이야기했다.

"왕 노릇은 군자가 누리는 즐거움이 아니다. 군자에게는 세 가지 즐거움이 있는데, 천하의 왕이 되는 것은 그것에 포함되지 않는다. 부모가 모두 살아계시고 형제가 무고한 것이 첫째 즐거움이고, 하늘에도 사람에도 부끄럽지 않다면 그것이 두 번째 즐거움이고, 천하의 영재를 얻어서 교육하는 것이 세 번째 즐거움이다. 왕 노릇은 아무것 아닌데도, 쯧쯧."

만장은 이 말을 들을 때마다 한편으론 뿌듯하고 한편으론 부끄러웠다. 맹자의 제자라는 것이 자랑스러웠지만 스승의 뜻을 좇지 못할까 항상 애를 태웠다. 만장은 스승의 표정에서 옛일을 읽었다. 맹자는 자애로운 눈빛으로 만장을 바라보며 식은 찻잔을 들어 올렸다. 목을 축일 만큼만 마셨다.

"깨끗하고 고아한 분이셨지[성지청 聖之淸]."

만장이 차를 더 따를까 망설였다. 화로에서 타닥 불꽃 소리가 났다. 만장이 말하려다 멈칫하자 맹자는 물끄러미 바라보았다.

"어려워하지 말고 모르면 바로 말하려무나."

그제야 만장은 안심했다.

"깨끗하다는 말이 어렵습니다. 성품을 두고 하신 말씀인 것은 알겠습니다만……."

"인품을 두고 하는 이야기이지. 백이는 나쁜 말은 들으려고 하지 않았고, 추한 일을 보지도 않았다. 올바른 군주가 아니면 섬기지도 않았고, 제대로 된 백성이 아니면 부리지도 않았다. 정치가 바르면 벼슬에 나갔고, 그렇지 않으면 낙향하셨다. 정치가 나빠 백성이 사나워지면 그곳을 떠나셨고, 무례한 사람과 같이 있는 것을 마치 숯불 위에 앉은 것처럼 괴로워하셨다. 상나라 폭군 걸왕 때는 아예 북쪽 바닷가로 옮겨 가 사셨다. 성품이 이렇듯 맑고 깨끗하셨다. 백이의 인품을 배운다면 탐욕스러운 사람은 청렴하게 바뀌고, 나약한 뜻을 올곧게 세우게 된다."

"너무 엄격하신 것 같습니다만……."

"아니다. 전에 인자(仁者)를 활쏘기에 비유했던 말을 기억하느냐?"

만장은 입안에서 말이 맴돌았다.

"인자란 활쏘기와 같다. 활을 쏠 때에는 먼저 자세를 바로 잡고서 시위를 놓는다. 발사해 적중하지 않더라도 이긴 사람을 원망하지 않고, 자신을 되돌아본다. 자세가 바르지 않다면 어찌 과녁에 적중시킬 수 있겠느냐!"

만장이 갸우뚱하자 맹자가 말을 이었다.

"무릇 자기를 바르게 하지 않고, 다른 사람을 바로 잡은 경우는 없다. 백이는 치열하게 자기를 단속하셨지."

"수양산에서 단식하시다 절명하신 것이 소문이 아니었군요!"

만장이 맥락 없이 성큼 건너뛰었다.

"네가 어찌 그걸 다 아느냐?"

만장은 겸연쩍은 듯 고개를 숙였다.

"풍문으로 들어 자세한 사실은 모릅니다. 그래서 여쭌 것이니……."

만장이 말꼬리를 흐렸다. 맹자는 생각을 정리하는 듯 눈을 감고 미동도 하지 않았다. 짧은 침묵 속에 만장은 마음이 가라앉는 것을 느꼈다. 나무가 크면 그늘도 깊다.

'스승께서 말씀하신 부동심이란 이런 것인가.'

스스로 대견스러운 생각이 일자 마음이 무너져 전보다 더 혼란스러웠다. 정적은 찰나였지만 생각은 천만리 긴 시간을 달린 듯했다. 맹자가 나지막하게 말을 건넸다.

"백이는 원래 고죽(孤竹)이라는 조그만 제후국의 왕자셨다."

고죽국은 상나라의 시조 탕왕이 개국하면서 봉한 나라이다. 고죽국의 마지막 임금이 고죽군이다. 백이는 고죽군의 큰 아들이었고 동생이 둘 있었는데 막내가 숙제(叔齊)였다.

천자가 기울면 제후도 같이 무너진다. 나라가 망하려면 어김없이 폭군이 등장한다. 하나라가 망할 때 걸왕이 있었고, 상나라 말기에는 주왕이 있었다. 이들을 합해 '걸주(桀紂)'라고 부르는데, 폭군의 대명사처럼 쓰인다. 주왕은 영특해 말재주로 허물을 덮었고, 맨손으로 맹수를 잡을 정도로 장사였다. 신하를 불러 놓고 힘자랑하면서 천하에 자기보다 뛰어난 인물이 없다면서 세상 모두를 업신여겼다. 술과 음악에 빠졌으며 특히 여색을 밝혔다. 땅을 파서 술로 가득 채운 것이 연못 같고, 안주로 고기를 매단 것이 마치 숲 같다 해서 '주지육림(酒池肉林)'이라 불렀다. 그 돈은 모두 백성의 고혈에서 나왔다.

주왕이 작은 부락인 유소를 공격하자 제후인 유소씨는 자신의 딸을 바치며 항복했다. 그 딸의 이름이 달기(妲己)였다. 달기는 막 망울을 터뜨린 목란처럼 예뻤지만 욕심 많고 모질었다. 주왕은 달기가 원하는 것이면 무엇이든 다 들어주었다. 그럴수록 세금은 더 무거워져, 백성이 집에서 기르던 개나 소까지 모두 빼앗았다. 저항하는 백성이 늘어나자 주왕은 중벌로 더 가혹하게 다스렸다. 잔인한 달기는 포락(砲烙)의 형벌을 떠올렸다. 땅을 깊게 파고 숯불을 가득 피우고서 기름칠한 쇠막대를 가로 걸쳤다. 학정에 시달려 피골이 상접한 백성은 불구덩이를 강제로 건너야 했다. 몇 걸음 못 가 모두 활활 타오르는 구덩이로 스러져 갔다. 백성은 비명 속에 죽어 가는데 주왕과 달기는 재미있어 죽겠다는 듯 손뼉을 치고 웃었다. 생지옥을 지켜보며 눈시울을 붉히던 서백창(西伯昌, 문왕)이 아무도 모르게 그 자리를 빠져 나갔다. 숭후호(崇侯虎)가 곁눈으로 훔쳐봤다.

서백창이 나가고 악후가 강하게 간언하자 주왕은 화가나 악후를 죽이고 그의 시체를 포 뜨게 했다. 밖에서 소식을 들은 서백창이 하늘을 우러러 깊은 숨을 몰아쉬었다. 서백창을 주시하던 숭호가 잽싸게 주왕에게 이를 고했다. 주왕은 서백창을 유리(羑里) 땅에 감금했다. 유리에서 서백창은 《주역》을 지으면서 때를 기다렸다. 서백창의 신하가 미녀와 보물을 뇌물로 바치자 주왕이 서백창을 풀어주었다. 서백창은 낙땅 서쪽 지역을 주왕에게 바치며 포락의 형벌을 없애 줄 것을 청했다. 주왕이 허락했다. 서백창의 명망이 중원 전체로 퍼져 나갔다. 백이와 동생 숙제도 이 소식을 들었다.

고죽군은 임종을 앞두고 큰아들 백이 대신 막내 숙제에게 대권을 물려주려고 했다. 혼란한 시대에는 숙제가 더 적임이라고 생각한 것이다. 백이는 아버지의 마음을 읽었다. 숙제는 입장이 난처했다. 아버지의 명을 따르면 우애에 금이 가고, 명을 따르지 않으면 불효였다. 숙제는 순리에 따라 형 백이에게 대권을 양보했다. 백이가 손을 세차게 흔들며 말했다.

"아버지의 명이다."

"임종 직전이라 정신이 흐려지셨을 수 있습니다. 원래 그 자리는 형님의 것입니다."

형제는 왕위를 서로 양보하겠다고 한참 실랑이했다. 지켜보던 궁인들이 입을 가리고 웃었다. 처마 밑으로 어둠이 잦아들도록 결론이 나지 않았다. 신하들이 물러나자 두 사람은 말없이 서로를 바라보았다. 동이 틀 무렵, 긴 그림자 둘이 성문을 빠져나갔다. 그 후로 아무도 그들의 소식을 알지 못했다.

백이와 숙제가 고죽국에서 사라질 무렵에도 주왕은 술독에 빠져 헤어나지 못하고 있었다. 이복형 미자(微子)가 여러 차례 만류했지만 주왕은 형의 충고조차 뿌리쳤다. 미자는 더 머물렀다간 목숨이 위태로울 것 같아 상나라를 떠날 작정이었다. 미자의 숙부 비간(比干)이

이를 말리고 나섰다.

"사사로이는 네가 형이지만, 공으로는 군신 관계이다. 신하라면 목숨을 걸고 충언해야 한다."

"숙부, 모든 것이 다 때가 있는 법입니다. 왕은 지나쳐 이제 돌아올 수 없습니다. 성명을 보전하셔 훗날을 도모하는 것이 어떻습니까?"

비간은 고개를 가로저었다. 미자는 숙부의 운명이 선명한 듯 울음을 터뜨렸다. 미자는 궁궐을 떠났고 비간은 궁궐로 향했다. 두 사람의 운명이 여기서 엇갈렸다. 비간은 삶을 포기한 듯 표정이 없었다. 주왕과 대면하자 부모를 잃은 듯 대성통곡했다. 주왕이 술잔을 집어 던졌다.

"탕왕께서 세우신 이 나라가 곧 사라질 듯합니다. 그럼, 무슨 면목으로 조상을 뵙겠습니까?

"듣기 싫소."

"신(辛)아! 이놈아, 하늘이 무섭지도 않느냐!"

신은 주왕의 이름이다. 왕의 이름을 부른다는 것은 목숨을 포기하겠다는 뜻이다.

"무어라? 감히!"

주왕은 분에 못 이겨 씩씩거리다 갑자기 미친 듯이 웃었다.

"으하하핫……. 숙부는 진정 성인이시구려! 성인은 심장에 구멍

이 일곱 개 있다는데 사실인가."

비간은 각오한듯 놀라지도 않는다.

"여봐라. 저놈의 심장을 꺼내 보아라."

호위병이 단칼로 비간을 쳤다. 피비린내가 진동하는데도 주왕은 태연히 술잔을 움켜쥐었다. 이 소문이 중원으로 파발마보다 빨리 퍼졌다. 왕의 또 한 명의 숙부 기자(箕子)는 죽음이 두려워 일부러 정신이 나간 척 행동하면서 스스로 노예가 되어 신분을 숨겼다. 주왕은 이를 간파했고, 기자를 옥에 가둬 버렸다.

서백창은 이미 세상을 버렸고, 그의 아들 무왕이 보위에 올랐다. 무왕은 즉위하자 태공망을 스승으로 삼고, 동생 단(旦)을 보(輔)로 임명하여, 아버지 서백창의 선정(善政)을 이어받았다. 태공망은 문왕이 등용한 신하로 주나라 건국에 혁혁한 공을 세웠다. 훗날 강태공이라고 불렸다. 단은 주나라의 제도를 정비하면서 나라의 기틀을 다졌고, 훗날 주공(周公)으로 불리며 노나라의 제후가 된다.

무왕이 즉위한 지 9년, 민심이 변하기 시작했다. 상나라 백성은 주왕을 저주하며 그가 하루빨리 사라지길 원했다. 학정을 견디다 못해 하늘을 원망했다. 무왕은 먼저 국내를 안정시키고 주변 제후를 연합하여 출정을 서둘렀다. 맹진(孟津)에서 전열을 가다듬고 중군을 지휘하며 진격했다. 아버지 문왕의 위패를 실은 수레를 제일 앞세웠다. 선왕의 업적을 계승한다는 의미를 천하에 표방한 것이다. 바로 그때 노인 두 명이 길을 가로막았다. 제후의 자리를 버리고, 종적이 묘연했던 백이와 숙제 형제였다. 이들은 세상과 절연하고 수양산에 숨어 살았다. 문왕이 훌륭한 정치를 한다는 소문이 수양산까지 퍼진 것이다. 문왕이 특히 어른을 잘 봉양한다는 이야기에 마음이 움직였다. 문왕을 찾아가 노년을 맡길 심산이었다. 주나라에 도착했을 때 그들을 맞은 건 문왕의 위패를 앞세운 군대였다. 백이와 숙제는 호위 군사를 물리치고 곧바로 수레로 달려들었다. 주변에서 말릴 겨를이 없었다. 주위를 의식하지 않고 대성통곡했다. 눈이 붉고 젖었다. 무왕을 쏘아보며 말했다.

"아버지가 돌아가셨는데 장사도 지내지 않고 전쟁을 일으킨다면 효자라고 할 수 있겠습니까? 신하로서 군주를 시해(弑害)하면 '인(仁)'이라고 할 수 있겠습니까?"

시위하는 병사가 장검으로 치려는 찰나 태공망이 막고 나섰다.

"이분들은 의인이시다. 의인을 베면 우리는 명분을 잃는다. 잘 모셔라!"

대군은 벌판에 두 노인을 남겨 놓고 사라졌다. 백이와 숙제는 한참을 울다 수양산으로 돌아갔다.

무왕의 1차 정벌은 불길한 조짐이 보여 중도에 회군했다. 무왕이 동진하러 강을 건널 때 흰물고기가 배로 갑자기 뛰어들었다. 강을 건너자 이번에는 하늘에서 불덩어리가 내려왔다. 무왕 주위를 따라 다니더니 막사 앞에서 까마귀로 변해 버렸다. 생김새는 까마귀였지만 색깔은 붉었고 우는 소리는 마치 귀신 같았다. 무왕은 불길하다 판단하고 말머리를 돌렸다. 하늘이 때가 아님을 계시한다고 생각했다.

1차 원정이 실패하고 2년이 지났을 무렵, 상나라 중신 자(疵)와 강(疆)이 악기를 품고 무왕에게 투항했다. 악기는 제사에 쓰이며 상나라를 상징하는 도구였다. 무왕은 여러 제후를 불러 놓고 선포했다.

"옛 사람들이 '암탉은 새벽에 울지 않는다. 암탉이 새벽에 울면 집안은 망한다'고 했다. 주왕은 여자 말만 듣고 하늘을 스스로 저버렸으며, 삼정(三正, 하늘과 땅, 사람 삼재의 도리)을 훼손하고 숙부와 형제를 죽였다. 선조의 음악을 버리고 음란한 음악을 지었다. 바른 소리를 어지럽히면서 여자의 비위만 맞추고 있다. 나는 천명을 받들어 주왕을 징벌할 것이다. 두 번, 세 번의 기회는 없다. 이번이 마지막이다."

무왕이 말이 끝나자 목야 벌판에 있던 전차 4천 대가 대열을 정비했다. 기세가 하늘을 찌를 듯 등등했다. 주왕도 70만 대군을 이끌고 결전을 준비했다. 주왕의 군대가 수적으로 절대 우세였다. 그러나 최후의 전쟁은 싱겁게 끝났다. 명분이 바르고 의기가 충만한 무왕의 군대는 두려움 없이 진격했다. 주왕의 병사들은 아예 싸울 마음이 없었다. 마치 기다렸다는 듯이 무왕의 군대가 밀고 오자 창을 거꾸로 잡고 방패를 버려 항복했다. 물길이 갈리듯 스스로 길을 걸었다. 이 광경을 멀리서 주시하던 주왕은 녹대로 올라가 스스로 불을 질렀다. 주왕이 걸친 비단은 맹렬하게 타들어 갔고 주왕은 불길 속에 비명을 지르며 죽었다. 무왕이 커다란 백기를 흔들었다. 제후들이 일제히 무릎을 굽히고 큰절을 했다. 무왕은 자신을 하늘의 명을 받은 천자라 선포했다. 상나라는 역사 속으로 사라졌고, 대신 주나라가 새롭게 그 자리에 들어섰다.

주나라가 천하를 차지했다는 소문은 수양산까지 퍼졌다. 백이와 숙제는 이 소식을 듣고 하늘을 우러러 눈물을 그치지 못했다. 백이와 숙제는 신하가 군주를 제거한 사실을 몹시 애통해했다. 군신의 관계는 천륜처럼 바꿀 수 없다고 생각했다. 상나라에 대한 의리를 지키며 주나라 곡식을 먹지 않고 고사리만 먹다 결국 굶어 죽었다. 그들의 절명시가 세상을 울렸다.

"서산에 올라 고사리를 캐야겠구나! 폭력을 폭력으로 바꾸고서 그 잘못을 모르네. 신농, 우, 하나라가 모두 사라졌구나. 나는 어디로 돌아가야 하나! 한이로다. 한이로다. 하늘의 명마저 쇠하는구나!"

"백이께서 무왕이 폭군 주를 친 것을 일러 '시(弑)'라고 하셨는데, 맞는 말입니까?"

맹자가 이야기를 마치자, 만장은 기다렸다는 듯 물어봤다.

"춘추필법[19]에 따르면 옳은 임금을 치는 것을 '시(弑)'라고 한다. 허나, 여기엔 적당하지 않은 것 같다."

"주왕은 폭군이니 이 글자를 쓰면 안 된다는 말씀입니까?"

맹자의 입가에 미소가 오랫동안 가시지 않았다. 성장한 제자를 보고 마음이 흐뭇했다.

"백이께서는 조국인 상나라에 끝까지 의리를 지키고 싶었던 것이지. 백이께서는 맑으신 분이시지만, 나는 생각이 다르다."

만장은 눈이 커지며 놀랐다. 백이를 존중하시면서도 입장이 다르다니 이해할 수 없었다. 스승의 말에 모순이 있지 않은가도 생각했다. 맹자가 제자의 마음을 헤아려 말했다.

"옛날에 제나라 선왕도 같은 말을 물었지. 탕왕이 걸을 치고 무왕이 주를 시해한 적이 있느냐고."

"기록에 남아 있지 않습니까?"

"그렇다. 물론 선왕이 몰랐을 리 없지. 일국의 왕자라면 《상서》는 어려서부터 읽으니 말이다. 선왕이 날 시험한 것이다."

만장은 알 듯 모를 듯 했다.

"알면서도 짐짓 모르는 척하며 나에게 물은 것이야."

"선왕의 속뜻이 무엇입니까?"

"신하라면 무조건 군주에게 의리를 지켜야 한다고 넌지시 압박한 것이지!"

당시 맹자와 선왕은 사이가 벌어지고 있었다. 맹자는 인한 마음을 정치로 확대시켜야 한다고 선왕에게 거듭 충고했다. 반면 선왕은 당장 효과가 나타나는 정책이 필요했다. 맹자는 인정이 더뎌 보이지만 효과도 빠르고 이익이 더 많다고 강경하게 주장했다. 선왕은 맹자의 말을 이해하지 못하고 제 주장만 고집했다. 선왕은 맹자를 신하로 생각했다. 신하가 군주의 말을 따라야 한다고 믿었다. 그러나 맹자는 생각이 달랐다. 지위는 선왕이 높을지라도 덕성이나 나이는 자신이 위이므로, 오히려 선왕이 자신을 따라야 한다고 여겼다. 이 간극은 좁혀지지 않았다. 맹자가 제나라에 체류하는 동안 긴장은 나날이 깊어 갔다.

"그럼, 시해가 아니라는 말씀입니까?"

만장의 입안이 바싹 타들어 갔다.

"말이란 참 묘하지. 뜻을 담아내기도 하지만 숨기기도 하니 말이다."

맹자는 기록을 그대로 믿지 말고 기록의 이면을 살펴야 한다고 제자들에게 가르쳤다. 맹자가 말을 이었다.

"선왕은 왕이란 형식만 본 것이고, 내용은 보지 못했다. 공자께서 늘 말씀하셨듯이 왕은 왕다워야 하고, 신하는 신하다워야 하고, 아비는 아비다워야 하고, 자식은 자식다워야 한다. 왕답다는 것은 무엇이겠느냐? 왕은 백성을 위해 있는 존재이다. 백성이 왕을 위해 존재하는 것이 아니다. 백성이 살아야 왕이 살고, 백성이 죽으면 왕도 죽는다. 백성을 사지로 몰아넣는다면, 왕이 아닌 것이야. 허울뿐이지."

맹자는 한 치의 망설임 없이 단호했다. 만장은 주위를 두리번거렸다. 혹시 엿듣는 이가 있을까 안절부절못했다. 천하의 맹자라도 대역죄에 걸리면 목숨을 건질 수 없다. 그러나 맹자는 죽음보다 사람으로서 더 큰 사명을 확신했다.

"저 걸과 주가 어디 임금이더냐? 인을 해치는 자를 '적(賊)'이라 하고, 의를 해치는 자를 '잔(殘)'이라고 부른다. 이런 잔적한 인간을 '일부(一夫)'라고 칭한다. 걸과 주는 일개 일부에 지나지 않는다. 왕의 자격이 없다. 탕이 걸을 치고 무왕이 주를 쫓은 것은 일부를 처단한 것이지, 임금을 시해한 것은 아니다. 백이께서도 '시군(弑君)'이라 하시지 말고, '살군(殺君)'이라고 했어야 옳았다."

만장은 벼락이 내리친 듯이 놀랐다. 세상에서 성인으로 추앙하는 백이를 비판하면서 역성혁명[20]을 정당화하는 말이 스승의 입에서 흘러나와서이다. 자칫, 맹자의 주장을 빌미 삼아 역성혁명을 남용하는 무리가 생길 수도 있다.

훗날 역사는 만장의 우려대로 흘러갔다. 기존의 왕조는 역성혁명을 정당화하는 맹자를 매도했고, 왕조를 개창하려는 자는 맹자를 자기편으로 끌어들였다.

창으로 여명이 스며들었다. 두 사람은 눈빛을 짧게 교환하며 웃었다. 날이 밝아 오는 줄 이제야 안 것이다. 만장은 마음속 어둠이 환하게 걷히는 것을 느꼈다. 만장은 역사에 흐르는 새로운 물줄기를 바로 그 자리에서 지켜보았다. 그 커다란 물결 속에 스승은 언제나 살아 있을 것이라 생각했다. 만장은 맹자의 기색을 살피며 물러날 채비를 갖췄다. 맹자는 눈을 반쯤 감고 허리를 곧추세웠다. 오늘도 앉아서 잠을 청할 모양이다.

[19] 춘추필법(春秋筆法): 《춘추》와 같이 비판적이고 엄정한 필법을 이르는 말. 대의명분을 밝혀 세우는 역사 서술 방법이다.

[20] 역성혁명(易姓革命): 제왕이 부덕하여 민심을 잃으면, 덕이 있는 다른 사람이 천명을 받아 왕조를 바꾸고 새로운 왕조를 세워도 좋다고 하는 사상이다.

천하에
적이 없다

평소면 동틀 시간인데 아직 어둑어둑하다.

'오늘은 동짓날인가! 올해도 저물어 가는구나.'

만장은 맹자의 안부를 살피러 가다 역산을 바라보며 혼잣말했다. 역산은 어둠을 삼켰으나 산꼭대기의 바위는 늠름히 빛을 발했다. 만장은 역산 바위에서 스승의 모습을 읽었다. 강건하고 당당하다.

'허나, 세월의 무게를 어찌 감당할 것인가!'

만장은 고개를 가로저었다. 만장은 어떤 운명을 예감했다. 며칠전 분성괄이 정적에게 피살되었다는 소식이 전해졌다. 만장은 쇠약한 스승을 걱정하여 감추려했으나 소문은 막지 못했다. 맹자는 점점 수척해져 갔다. 분성괄이 출사하고자 하직 인사하러 왔을 때, 만장도 곁에 있었다. 분성괄은 들떠 있었다. 분성괄은 동문 중에서 재질이 뛰어났다. 만장은 분성괄을 친동생처럼 아꼈다. 하지만 맹자는 달랐다. 맹자는 분성괄에게 재주를 뽐내지 말라고 자주 훈계했다. 분성괄은 건성으로만 대답했다. 분성괄이 떠나자 맹자는 표정이 몹시 어두

위졌다. 만장이 까닭을 물었다.

"분성괄이 죽을 것 같구나!"

만장은 말문을 잃었다. 눈을 크게 뜨고 그저 맹자만 바라보았다.

"저 아이는 재능이 넘치지만 군자의 대도를 듣지 못했다. 정치하면서 남의 의견은 묵살하고 제멋에 잘난 체 앞서 나갈 테니, 뒤에서 숨죽이며 지켜보는 자가 있을 것이다. 내가 막아야 하나……."

만장은 그때 스승이 한 말이 귓전에 맴돌았다. 분성괄의 죽음은 예정된 일인지도 모른다. 스승은 어쩌면 당신의 운명도 알고 있지 않을까? 분성괄의 소식이 전해지고 얼마 후 맹자는 제자를 모두 불러들였다. 잠시 귀향한 공손추도, 노나라로 출사한 악정자도 한걸음에 달려왔다. 오늘 동문이 모두 모이기로 한 날이다. 만장은 여명을 받아 붉게 빛나는 방문 앞에서 옷매무새를 다시 매만졌다. 방 안 기척을 살폈다.

"만장, 아침 문안드립니다."

"들어오너라!"

만장이 문을 열자 맹자보다도 먼저 죽간이 눈에 들어왔다. 죽간이 산더미 같아 맹자가 흡사 죽간에 파묻힌 듯했다.

"여기까지가 내 일이다. 나머지는 네가 정리하여라."

만장이 자리를 추스르기 전에 맹자가 먼저 말을 건넸다.

"대략 3만 자가 넘는다. 세심하게 읽고 한 글자도 틀리지 않도록 각별히 신경 쓰도록 해라. 내가 가면……."

맹자는 말끝을 흐렸지만, 얼굴에 안온한 표정이 지나갔다. 만장의 눈시울이 뜨거워졌다. 대임을 맡은 기쁨보다도 곧 있을 이별이 더 슬펐다. 만장이 눈을 훔치는 사이 밖에서 인기척이 들렸다. 모두 먼 여행 탓인지 지친 기색이 역력했다. 공손추와 악정자는 눈물이 앞섰다. 다른 이들은 사연을 몰랐다. 예를 마치자 맹자는 좌중을 둘러보고 얼굴이 밝아졌다. 제자이나 생사고락을 함께한 동지가 아니던가!

"옛날 증자께서 '새가 죽으려 할 때는 울음이 슬프고 사람이 세상을 떠날 때는 착한 말을 한다'고 하셨다. 평생 모르다가도 죽음을 앞두고서야 본래 모습을 찾는 것이니. 인간이 어찌 하늘의 품을 벗어날 수 있겠느냐?"

맹자가 잠시 말을 끊었다. 죽음을 암시하는 말이었다. 인간의 성정은 본래 선하다는 '성선론'을 중원에서 외쳤지만 모두 외면했다. 화염의 불길에 휩싸인 현실은 창칼이 더 다급했다. 인간 본연의 모습인 인의를 실천하자는 맹자의 주장은 공허하게 흩어졌다. 맹자는 평화를 위해 분골쇄신(粉骨碎身, 뼈를 가루로 만들고 몸을 부순다는 뜻으로 정성으로 노력함)하던 시절을 반추했다. 적막한 거리, 쓸쓸한 광야였다. 공손추는 스승의 마음을 짚었다. 스승의 마지막 말을 남기려는 것이다.

"하늘이 원망스럽습니다."

공순추의 눈가는 붉게 물들었다. 공손추는 스승이 뜻을 이루지 못한 것을 두고 한 말이었다. 맹자는 공손추를 애잔한 눈으로 바라 봤다. 희미한 웃음이 지나갔다.

"그렇지 않다. 군자는 뜻을 얻으면 세상에 펼쳐 만백성에게 은혜를 베풀고, 그렇지 않으면 물러나 조용히 제 몸을 닦을 뿐이다. 그것이 하늘의 뜻이오, 사람의 길이다."

여전히 낭랑하고 힘 있는 목소리이다. 맨 끝자리에 앉은 어린 제자들은 대화를 이해하지 못한 듯 고개를 갸우뚱했다. 오랜 세월을 함께한 스승과 제자는 마음으로 통했다.

"선생님, 평생에 두고 따라야 할 말씀이 있는지요!"

악정자도 어쩌면 마지막일지 모를 말을 듣고 싶었다. 말을 꺼내고는 허리를 곧추세웠다. 맹자는 이미 식은 차로 목을 살짝 축였다. 어린 제자의 눈이 초롱초롱 빛났다.

"인자(仁者)는 천하무적(天下無敵, 세상에 겨룰 만한 적수가 없음)이다."

앞쪽에서는 고개를 끄덕였지만, 뒤쪽에서 키득키득 웃는 소리가 났다. 악정자가 뒤를 돌아보며 제지했다. '천하무적'이 어린 제자에게 마치 협객의 말처럼 들렸다. 그들은 맹자의 깊이를 알기에는 공부가 모자랐다.

"선생님, 세세히 설명해 주셔야 동학이 이해할 듯합니다."

동문이지만 나이 차이가 많다. 악정자는 늘 듣던 이야기지만, 갓 입문한 이들은 생소했다. 맹자는 흐뭇하게 어린 제자를 바라보았다.

"허물이 아니다. 배움에 대한 열정이 없다면 저 자리에 앉아 있지도 않을 것. 그 마음이 갸륵하다. 다가앉아라."

맹자가 손짓하자 어린 제자들은 선배들 틈 사이로 냉큼 자리를 옮겼다. 밖에서 찬바람이 몰아쳐도 방 안 열기는 식을 줄 몰랐다.

"세상이 혼란에 빠진 것은 모두 제 잇속만 챙기려 하기 때문이야. 임금이 '내 나라를 어떻게 이롭게 만들까' 집착하면, 대부는 '내 집안을 어찌 부자로 만들까'만 생각하고, 백성은 '어떻게 내 것을 챙기지' 하고 골몰한다. 아래와 위가 모두 제 욕심을 채우려 들면 그 나라는 반드시 혼란에 빠진다. 나라 안에서만 그런 것은 아니다. 나라와 나라끼리도 마찬가지이다. 대국은 소국을 탐할 것이다. 그러면 천하는 전쟁의 소용돌이에서 벗어날 수 없다. 모두 본래 제 모습을 모르고 생긴 병폐이다. 임금이 인의를 실천하면 대부도, 백성도 모두 따라한다. 어디 한 나라만 그렇겠는가! 천하도 모두 인의를 따르려고 할 것이다. 그러면 평화는 저절로 찾아오는 법."

말을 마치며 맹자는 혀끝을 가볍게 찼다.

"하오면, 사람이 어찌 인의를 버리고 이익만 좇게 됩니까?"

이번엔 만장이 어린 사제를 위해 질문했다. 맹자도 만장이 왜 묻는가를 잘 알았다. 둘 사이에는 수없이 오갔던 물음이다.

"대체를 버리고 소체를 따르기 때문이다."

"대체는 무엇이고, 소체는 무엇입니까?"

"대체가 마음이라면, 소체는 눈과 귀 같은 감각을 뜻한다. 마음은 사리를 판단할 능력이 있지만, 신체 기관은 그러질 못하지. 신체 기관이 다른 사물과 접하면 판단 능력이 없어 그저 이끌려 가는 것이다. 반면 마음은 선악을 구분하고 바른 길을 찾아간다. 그래서 대체를 먼저 세워야 소체의 욕망을 따라가지 않는다. 인의를 버리고 이익만 탐하는 것은 이 근본 이치를 몰라서이다."

어린 제자에게 스승과 사형의 대화가 어려운 모양이다. 대화가 깊어지자 졸음을 이기지 못하고 고개들 떨어뜨렸다. 맹자가 탁자를 가볍게 탁 쳤다.

"그럼, 결국 본래 마음을 찾는 것이 급선무겠군요?"

고명한 선배를 제치고 어린 제자 중에서 누군가 나선다. 맹자는 유심히 바라봤다.

"허허, 내 뒤는 걱정하지도 않아도 되겠구나! 그렇다. 공부란 바로 잃어버린 마음을 찾는 것이지 다른 게 아니다. 개나 닭 같은 하찮은 가축을 잃어버려도 득달같이 달려 나가면서 정작 중요한 마음을 잃어버리고는 찾아 나설 줄 모른다. 이 시대가 그렇다. 전쟁을 끝낼 길은 본래 마음으로 돌아가는 것, 이외는 아무것도 소용이 없다."

맹자는 단호하게 말을 맺었다. 한참 침묵이 흐르자 주변을 두리번거리며 어린 제자 하나가 나섰다.

"선생님, 인간이 본래 착하다는 것은 무엇으로 어떻게 증명할 수 있습니까?"

방 안 분위기는 둘로 나뉘었다. 그것도 모르느냐는 핀잔이 있는 가 하면, 철학적 핵심이라며 호기심 어린 눈동자가 빛났다. 맹자는 본래 성선론이라는 이름으로 학설을 묶지 않았다. 후대에 그렇게 불 렀을 뿐이다. '인간은 본래 착하다'는 맹자 주장이 설득력을 얻으려 면 거기에 상응하는 근거와 논리가 있어야 한다. 그렇지 않으면 억지 에 불과하며 공허한 구호에 지나지 않는다.

맹자는 흐뭇한 표정이었다.

"안심하고 가도 되겠구나. 그렇다, 내 묻겠다. 하늘은 선인가, 악 인가?"

"누가 하늘을 의심하겠습니까? 하늘은 오직 선하고 선합니다."

"그럼, 인간은 하늘이 내셨다. 그럼 선한가? 악한가?"

"선합니다."

"하늘이 한 사람만 선하게 내셨겠는가? 아니면 모든 사람을 선 한게 내셨겠는가?"

"하늘은 차별이 없으니 모든 사람을 선하게 내셨습니다."

"그럼 그 선함이 어디에 있겠는가? 사람 밖인가? 사람 안인가?"

"사람 안에 있습니다."

이 대화는 훗날 철학사에서 중요한 평가를 받는다. 인간의 본성 을 하늘에서 근거를 찾는 것을 두고 '선천성'이라고 하며, 모든 사람이 그렇다는 것을 '보편성'이라고 하고, 선이 인간 본성에 내재한다고 해서 '내재성'이라고 한다. '선천성', '보편성', '내재성'이 맹자 주장의 본령이다. 인간의 본질을 '선'에서 규정하는 맹자 철학은 시원이 되어 후대 철학에 지대한 영향을 미친다.

"무엇으로 증명하는가 물었는가?"

맹자는 손자를 보는 할아버지처럼 자애롭게 되물었다. 소년은 그저 고개만 끄덕였다.

"내 일찍이 유자입정(孺子入井)에 대해 설명한 것을 듣지 못했느냐?"

입문이 늦은 소년은 맹자가 즐겨 쓰는 비유를 듣지 못했다. 맹자는 고사를 인용하거나 비유를 들어 주장을 펼쳤다. 그것이 맹자의 사유를 더 풍부하게 만들었다.

"내, 다시 설명하마!"

어린 제자들은 바짝 다가섰다.

"갓난아이가 우물에 빠지려 한다면 보는 사람마다 달려가 구하려 할 것이다. 측은한 마음이 자연스럽게 나와서이다. 아이를 구해 부모와 사귀려 해서도 아니고, 아이를 구했다는 칭찬을 받으려 해서도 아니고, 아이를 구하지 못했다는 악평이 두려워서도 아니다. 이 측은지심이 인간의 본래 마음이다. 이것이 강력한 증거이다. 허니, 측은지심이 없으면 인간이 아니요, 수오지심, 사양지심, 시비지심이 없어도 인간이 아니다."

맹자는 잠시 숨을 고른다. 어린 제자들은 마른침을 꿀꺽 삼킨다. 맹자는 인간의 본질을 '선'으로 규정한다. 그래서 선하지 않으면 곧 인간이 아니라는 충격적 선언을 하기에 이른다.

"측은지심(惻隱之心, 불쌍히 여기는 마음)은 인(仁)의 실마리요, 수오지심(羞惡之心, 옳지 못함을 부끄러워하고 착하지 못함을 미워하는 마음)은 의(義)의 실마리요, 사양지심(辭讓之心, 겸손히 남에게 사양하는 마음)은 예(禮)의 실마리요, 시비지심(是非之心, 옳고 그름을 가릴 줄 아는 마음)은 지(智)의 실마리다. 사람에게 사체가 있듯이 사단 역시 사람에게 본래 있는 것이다. 사단을 확충해 나가면 집안은 물론이거니와 천하를 모두 보살필 수가 있다. 평화의 길은 여기에 있거늘……."

맹자가 가쁜 숨을 몰아쉬며 손짓으로 만장을 불렀다. 만장이 다가가자 귀에 무언가를 속삭였다. 만장은 물러나 사제들에게 나가라 손짓했다. 상황을 파악한 몇몇은 눈물을 훔치며 자리에서 일어섰다. 방문을 열다 다시 돌아서 맹자를 바라보았다. 끝내 울음을 터뜨렸다. 맹자는 꺼져 가는 생명을 앞두고도 어린 제자에게 결연한 모습을 보이고 싶었다. 최후까지 대장부의 기상을 잃고 싶지 않았다. 만장, 공손추, 악정자 등 맹자를 처음 따른 제자들만 남았다. 맹자는 자식 못지않은 정을 제자에게 쏟았다. 그들도 스승을 부모처럼 존경하고 받들었다. 무엇보다도 이들 사이를 묶은 것은 철학적 신념인 인간 본성에 대한 믿음이었다. 성선(性善)의 실천이 전쟁을 끝내는 지름길이자 바른 길이라는 결연한 의지가 있었다. 양나라, 제나라, 등나라, 노나라를 떠도는 험난한 여정은 이들을 더욱 강하게 결속시켰다. 무수한 논쟁의 적수를 만나면서 철학도 깊어졌고 정교해졌다.

《맹자》라는 책과 맹자의 철학은 결국 이들 모두의 작품이다. 공자에서 시작한 유학의 물줄기가 맹자에 와서 완성된 것이다. 그러나 세월의 힘을 인력으로 막을 수 없는 법. 시대의 거목이 임종을 앞두고 있었다.

"앞으로 더 힘들어진다."

맹자는 허리에서 힘이 빠지는 듯 축 늘어졌다. 맹자는 만장의 부축을 받으며 자리에 누웠다. 공손추가 베개를 머리에 괴었다. 나머지는 자리에 누운 맹자 주위로 모여들었다.

"전쟁의 불꽃이 더 거세어진다. 유세가의 세 치 혀끝이 중원을 농락하고 법으로 나라를 강제로 다스리려는 무리들도 출현할 것이다. 너희가 갈 길이 더 어렵다."

"하오면 저희는 어쩌면 좋겠습니까?"

"환난을 환난으로 받아들여라. 옛일을 보아라. 순임금은 밭 가는 농부였는데 훗날 천자가 되셨고, 부열은 막일꾼이었다 등용되었고, 교격은 생선 장수였다 발탁되었으며, 관중은 옥중에서 풀려나 재상이 되었으며, 손숙오는 해변에 은거하다 세상에 알려졌으며, 백리해는 스스로 노예가 되어 훗날을 도모했다. 그러니, 하늘이 어떤 사람에게 큰일을 맡기시려 할 때는 먼저 그 마음을 고달프게 하고, 몸을 힘들게 하며, 배를 굶주리고, 생활을 곤궁하게 만든다. 마음을 움직여 참을성을 기르게 해 잘하지 못한 것을 잘하게 만든다. 사람이란 늘 실수가 있고서야 고칠 수 있다. 마음이 괴롭고 생각이 막혀야 비로소 분발한다. 나라 안에 간언하는 신하가 없고 나라 밖에 적국이 없는 나라는 망한다. 사람도 마찬가지이다. 고난이 없으면 죽은 거나 다름없다. 명심해라. 우환은 삶이오, 안락은 죽음이라는 것을……. 앞으로 환난이 너희를 더 단단하게 만들어 줄 것이다."

맹자는 사력을 다하면서 한 마디 한 마디 어렵게 토해 냈다. 해가 중천에 올랐는지 밖에서 따스한 기운이 스며들었다. 맹자는 만장에게 앉혀 달라는 눈빛을 보냈다. 만장이 맹자를 곧추세웠다. 맹자는 헝클어진 머리칼을 매만지고 옷고름을 가다듬었다. 그늘이 없는 편안한 표정이다.

"하면, 저희가 어떻게 처신해야……."

공손추가 다급히 물었다. 만장이 말릴 틈도 없었다.

"모든 일은 반드시 정한 데로 돌아간다. 악이 사람의 본래 모습이 아니 듯, 전쟁도 세상의 본래 모습이 아니다. 곧 전쟁을 전쟁으로 종식하는 자가 나타날 것이다. 그것은 잠시일 뿐, 너희는 더 멀리 보고 그다음을 준비하거라. 오직 공부에 집중해야 한다."

"공부라 하면……."

공손추가 다그친다.

"본래 마음을 찾고 넓혀 가는 것이다. 마음을 키우는 데는 욕심을 적게 하는 것[과욕, 寡慾]이 빠른 길이다. 하늘의 뜻과 사람의 길은 하나이다. 멀리 있지 않다. 네 마음속에 있다."

말을 맺자 맹자의 어깨가 늘어지고 고개가 꺾인다. 만장이 받아 자리에 곱게 누인다. 동짓날 태양이 하늘 가운데 멈춰 세상을 내려다본다. 향년 84세. 이후 맹자의 고향인 추나라에선 그를 추모하기 위해 동짓날을 명절로 지내지 않았다.

부록

맹자라 하면 맹모단기(孟母斷機)나 맹모삼천지교(孟母三遷之敎)가 먼저 떠오른다. 이 고사는 한나라 유향(劉向: 기원전77~기원후6)이 쓴 《열녀전(列女傳)》에 나온다. 《열녀전》은 여러 여인에 관한 기록이라는 뜻으로 '열녀(烈女)'와는 다르다. (한자를 유심히 살펴보시라.)

《열녀전》은 맹자가 죽고 약 200년이 지난 시점에 편찬된 책이라 이 고사가 사실인지 여부는 판단하기 어렵다. 사실인지 허구인지 가늠할 수 없지만, 맹자가 당시 학술계에서 차지하는 위치가 어느 정도인지 여실히 보여준다.

맹자라는 인물에 대한 체계적 기록은 유향보다 조금 앞선 사마천(司馬遷: 기원전145?~기원전90?)의 《사기(史記)》에 나온다. 〈맹자순경열전〉에 따르면 맹자는 이름이 '가(軻)'이고 추(鄒)나라 태생이며 자사의 문인에게 배웠다고 한다. 자사가 공자의 직계 제자였으니, 맹자는 공자의 4대 제자인 셈이다. 추나라는 노나라 속국이었다는 설도 있고, 독립국이었다는 설도 있다. 어쨌든 노나라와 가까운 곳에 위치한 조그만 나라였다.

맹자가 활동하던 당시는 전국 시대 중기로 전쟁이 더욱 격렬했다. 당시 제후들은 전술가나 군사 전문가를 선호했는데 진(秦)나라는 상앙, 초나라와 위나라는 오기, 제나라 선왕과 위왕은 손자나 전기를 등용해 중원의 패권을 잡았다. 맹자는 '어진 마음을 정치에 실천하자'고 제후를 설득하며 제나라와 양나라 등을 주유했지만 모두가 맹자의 주장이 현실성이 떨어진다고 외면했다. 사마천은 이를 두고 '우원이활어사정(迂遠而闊於事情, 우활하여 시세에 맞지 않다)'이라 표현했다. 여기서 '우활하다'라는 말이 나왔다. 사리에 어둡고 세상 물정을 잘 모르는 사람을 이르는 말이다. 맹자는 뜻을 이루지 못하자 고향으로 돌아와 만장을 비롯한 제자들과 《맹자》 일곱 편을 지었다고 한다. 여기까지가 사마천이 맹자의 전기를 서술한 내용이다.

그런데 사마천이 본 《맹자》가 어떤 내용인지 확인할 길 없으나 지금과 편집 순서가 다르다는 것은 확실하다. 〈사기순경열전〉에 보면 사마천이 쓴 독후감이 나와 있는데 이런 표현을 썼다.

"내가 지금 맹자를 읽다 양혜왕이 말하길 '우리나라를 어떻게 이롭게 하시겠습니까(何以利吾國)'라는 구절에 이르러……."

이 말대로라면 '우리나라를 어떻게 이롭게 하시겠습니까'라는 구절은 《맹자》 중간 어느 부분에 있어야 한다. 그러나 지금 우리가 보는 《맹자》에는 이 문장이 제일 첫머리에 나온다. 이렇게 된 까닭은 후한 때 조기(趙

崎:768~824)가《맹자》를 새롭게 편집했기 때문이다. 조기는《맹자》를 일곱 편, 261장(글자 수로는 34,685자)으로 정리하면서 진짜 맹자의 글이 아니라고 판단한 네 편을 삭제해 버렸다. 조기는 이런 과정을《맹자제사(孟子題辭)》라는 서문을 쓰면서 자세히 밝혀 두었다. 여기에 '아성(亞聖)'이라는 표현도 등장한다. 아성은 성인에 버금간다는 뜻이다.

또, 조기는《맹자》를 편집하면서 거기에 주석을 붙였다.《맹자》에 관한 최초의 주석이다. 이후 송나라 때 주희(1130~1200)가《맹자집주》를 쓰기 전까지는 조기의 주석이 가장 권위가 있었다. 주희의 주석이 나오면서 조기의 주석을 고주(古註)라고 부르고, 주희의 주석을 신주(新註)라고 부른다.

생전의 맹자처럼 사후의《맹자》도 크게 주목받지 못하다가 당나라 때 한유(韓愈: 768~824)가 유교의 도통론(道統論)을 세우면서 맹자의 위상이 달라진다. 한유는 당시 유행하던 불교와 도교를 배척하면서 유교의 부흥의 주장하면서 '원도(原道)'라는 소품을 발표했다. 거기에서 요, 순, 우, 탕, 문왕, 무왕, 주공, 공자, 맹자로 이어지는 도통을 확립한다. 한유는 당시에 성행하던 변려체 형식의 문체를 반대하면서 고문 운동을 펼친다. 이때《맹자》가 중심 텍스트로 자리 잡는데, 고대 문법에 충실한 글이었기 때문이다.

한유의 노력에도 불구하고 송나라 이전에는 맹자는 사상계나 학술계에서의 위상이 높지 않았다. 송나라 신종(神宗) 때 처음으로 과거 시험으로 채택되었고(1071년), 곧이어 추국공으로 추존했다(1083년). 이후 《맹자》는 유가의 주요 경전으로 격상한다. 맹자나 《맹자》가 또 한 번 결정적 계기를 만난 것은 주희가 사서(四書)를 정하면서부터였다. 주희는 유가 중에서 핵심 경전 네 가지를 꼽는데 이를 사서라고 한다. 《논어》와 《예기》에서 《대학》과 《중용》을 뽑아내고 거기에다 《맹자》를 합해 사서라고 부른다.

《맹자》의 지위는 그전까지 가장 중요한 유교 텍스트로 불리는 오경(五經)인 《시경》, 《서경》, 《예기》, 《춘추》, 《주역》의 위상까지 격상한다. 그래서 유가 중요 경전인 13경에 확실하게 자리 잡는다. 13경은 《논어》, 《예기》, 《의례》, 《주례》, 《춘추좌씨전》, 《춘추곡량전》, 《춘추공양전》, 《주역》, 《시경》, 《서경》, 《이아》, 《효경》, 《맹자》를 말한다. 이때부터 13경은 유가의 핵심 경전으로 자리 잡으며 지금까지도 그 위상을 인정받고 있다.

원나라 문종은 맹자를 추국아성공으로 추존했고(1330년), 명나라 세종은 아성으로 추존하면서 '공(公)'을 빼 버린다. 또 명나라와 청나라에서는 《맹자》를 과거 필수 과목으로 선택하는데 당시 과거 시험을 준비하는 계층이라면 반드시 《맹자》를 읽어야 했다. 송나라 주희 성리학을 받아들였던 조선 사회에서도 사서는 사대부가 읽어야 하는 필독서였다.

위대한 사상가라고 해서 후대에 반드시 환영을 받는 것은 아니지만 맹자는 유독 굴곡이 심했다. 이유는 맹자가 역성혁명을 정당화해서 불민한 제왕이 싫어했기 때문이다. 왕조 교체를 어느 왕이 반기겠는가! 맹자가 남긴 공헌은 '역성혁명'만이 아니다. 철학사에서 보면 인성론을 명확하게 철학적 주제로 부상시킨 인물이 바로 맹자였다. 맹자 이전의 사상가는 인간의 본질이나 인간과 하늘의 관계 같은 문제에 나름의 인식이 있었지만 철학적으로 테제화시키지는 못했다. 맹자를 필두로 중국 철학사에서 인성론이 철학적 쟁점이 되면서 거기에 따라 정치 제도나 사회 제도가 바뀌었다. 맹자 철학의 핵심은 재론할 여지없이 성선론이다.

맹자는 성선론을 통해 '인간의 본질'을 규정하고 '인간이 어떻게 살아야 올바른가?'를 묻고, 나아가 '국가를 어떻게 경영해야 하느냐'를 역설했다. 맹자에게 있어서 '인간의 본질'이란 결국 '선한 본성'을 뜻한다. 본질을 '그것만의 다움'이라고 규정한다면 인간다움은 곧 '선한 본성'이다. 달리 말하면 선한 본성이 없다면 그것은 곧 '인간이 아니라 금수'라고 맹자는 단언한다. 이 선한 마음을 확대해 나가는 것이 곧 올바른 정치인 '인정(仁政)'이다. 맹자는 성선론을 단지 주장하는 것이 아니라 철학적으로 논증하기 때문에 철학사에서 중요한 시금석으로 평가받는다.

이른바 '선천성', '보편성', '내재성'이 맹자 성선론의 핵심이다. 선천성은 '하늘이 인간에게 선한 본성을 주신 것'으로 선한 본성의 초월적 근거를 말한다. 보편성은 '모든 인간이 가진 것'으로 이를 통해 도덕학의 기본인 보편화 가능성을 정초한다. 도덕이나 윤리가 성립하려면 '모든 사람이 공유하고 동의하는 것'이 되어야 한다. 내재성이란 '선한 본성이 밖에 있는 것이 아니라 인간의 내부에 있다'는 것으로, 인간의 자율적 성장 가능성을 열어 둔다. 맹자의 대척에 서 있는, 순자와 한비자 같은 사상가들은 성악론을 주장하는데 이들은 예나 법 같은 타율적 제재로 인간을 변화시키려 했다. 하지만 맹자는 '인간의 본성'을 신뢰하면서 교육 같은 내적 변화를 추구했다.

따라서 맹자에게서 공부란 다름 아닌 잃어버린 본성을 찾는 것이자 인간의 본질인 대체(大體)를 기르는 것이다. 이 착한 본성을 크게 기르는 것이 호연지기(浩然之氣)이고, 지극히 크고 맑은 기운이 가득한 사람이 바로 대장부(大丈夫)이다. 대장부란 본성을 완전히 실현한 인간의 완성을 뜻한다. 정치도 바로 이런 선한 마음을 적용하고 확대해 나가는 것이다. 맹자가 말하는 이상적 정치는 결국 인간의 본래 마음을 정치에 실현하는 왕도 정치(王道政治)이다. 이와 반대는 인간을 외부에서 힘을 가하는 이를테면 무력이나 형벌같은 타율적 제재로 인간을 통제하려는 패도 정치(覇道政治)이다. 맹자는 왕도 정치가 바른 길이고 정당함을 철학적으로 논증했다. 이것이 작게는 개인의 인격 완성, 크게는 세계 평화의 길이라는 것을 거듭 강조했다. 《맹자》는 3만 자가 넘는 방대한 책이지만 핵심은 이 범위를 벗어나지 않는다. 또, 맹자의 말은 위정자를 포함해 우리에게 여전히 유효하다.

"네 마음을 바로 보고, 보듬고, 키워 나가라. 거기에 정치의 길이 있고, 인간의 길이 있다. 그것이 아니면 인간은 인간이 아니오, 금수이다."

맹자의 생애

● 기원전 372

1세 추나라에서 출생.
(맹자의 이름은 가(軻). 추나라는 노나라 속국이라는 설도 있음. 추나라는 공자 고향 곡부와 가깝다.)

● 기원전 370

3세 아버지가 사망함.

● 기원전 369

4세 맹모삼천지교(孟母三遷之敎, 맹자의 어머니가 교육을 위해 세 번 이사하다)

● 기원전 358

15세 노나라에서 유학. 자사의 문인에게 수업받음. 맹모단기(孟母斷機, 맹자의 어머니가 베를 자르다)
(일설에는 자사(子思, 공자의 제자)에게 직접 배웠다고도 함.)

37세 양(위)나라 혜왕 재위 35년. 혜왕의 초빙으로 양(위)나라를 방문함. 체류 기간은 2년으로 추정됨.
(일설에는 이때 제나라에 초빙되었다고도 함. 추나라 서원에서 제자를 양성했다는 주장도 있음.)

38세 양나라 혜왕 사망. 혜왕의 아들 양왕이 등극.

40세 제나라 선왕이 즉위함.

43세 추나라에서 임나라로 감.

44세 제나라를 방문함. 제나라의 재상 저자(儲子)와 회견.
(맹자가 양나라를 먼저 갔는지 아니면 제나라인지 확실하지 않음.)

45세 제나라에서 고자와 인성론에 관해 논쟁함.

46세 송나라를 방문함.

47세 제나라 선왕이 맹자를 상경(上卿)으로 임명함.
(이때 송나라로 떠났다는 주장도 있음.)

48세 맹자 고국인 추나로 돌아옴.

53세 양나라에서 맹자를 초빙했다는 학설이 있음.
(맹자가 양나라로 간 것은 37세나 53세 무렵이다.)

55세 제나라 선왕의 초빙으로 제나라를 방문함. 이때 부동심(不動心)을 논함.

56세 어머니의 장례로 일시에 귀국함.

57세 등나라 문공이 세자 시절 장례에 관해 맹자에 배움을 청함.

58세 노나라 평공이 맹자를 만나려 함. 제나라로 돌아옴. 제나라 선왕이
연나라를 정벌해도 되는지 물음.

● 기원전 312

61세 연나라가 제나라에 반란을 일으킴. 맹자와 순우곤 논쟁. 제나라를 떠나 설나라로 감.

● 기원전 311

62세 설나라를 떠나 노나라에 갔다가 뜻을 이루지 못하고 귀국함.

● 기원전 290

82세 귀국 후 제자 양성. 이때 《맹자》를 지음

● 기원전 289

84세 동지 무렵에 사망.

1. 맹자가 양나라에 갔을 때 혜왕에게 두 가지 충고를 했습니다. '인정(仁政)'과

'여민해락(與民偕樂)'이 그것인데요. 이것이 무엇을 뜻하는지 설명해 보세요.

1장 참고

2. 맹자는 마음이 옳고 그름을 구분할 수 있는 '사고하는 능력'을 가졌다고

말했습니다. 마음을 다하여 노력하면 대인, 즉 큰 사람의 경지에 오를 수 있다고

했는데요. 보통의 사람이 대인의 경지에 이르기 위해 맹자가 중시한 것은 '왕도

정치(王道政治)'입니다. 맹자가 왜 그러했는지 생각해 보세요. 2장 참고

3. 맹자는 제나라 선왕에게 '왕도 정치'를 실현하는 방법에 대해 설명하며, 선왕이

흔종 의식에 제물로 끌려가는 소를 불쌍하게 여겨 차마 그냥 지나치지 못했는데,

그것을 언급하며 곧 인정의 시작이라고 했습니다. 이러한 마음을 일컫는

사자성어가 있습니다. 무엇일까요? 3장 참고

4. 순임금과 함께, 중국의 신화 속 '성군(聖君)'의 상징으로 통하는 요임금은

처음으로 '선양(禪讓)'을 했습니다. 요임금은 선양을 하고 '어진 사람에게 천하를

맡겼다'는 평판을 얻었고, 실제로 천하를 잃지 않아 성군이 되었는데요. 선양이란

무엇일까요? 4장 참고

5. 맹자는 제나라에 갔을 때 직하 학궁의 좨주인 순우곤을 만납니다. 이 둘은 예법에
관한 대화를 나누면서 '형수가 물에 빠졌을 때 손을 뻗어 구해 줘도 되는지'에
관해 이야기합니다. 이때 맹자는 예법의 '도(道)'에는 두 가지가 있다고 말합니다.
이 두 가지는 무엇이고 어떻게 다른지 생각해 보세요. 5장 참고

6. 공자는 마흔에 세상일에 미혹되지 않는 '불혹(不惑)'의 경지에 이르렀고, 맹자는
'부동심(不動心)의 경지에 이르렀다고 했습니다. 맹자가 말하는 부동심이란 어떠한
상태를 의미할까요? 6장 참고

7. 맹자는 고자(고불해)와 함께 '인간의 본성이 선한가'라는 주제로 논쟁을 했습니다.

맹자의 주장과 고자의 주장이 어떤 점에서는 같았고, 어떤 점에서는 달랐는지

설명해 보세요. 7장 참고

8. 맹자와 묵자(묵적)는 모두 사랑의 실천을 주장했지만, 그 방법에 있어서는 견해가

달랐습니다. 맹자는 '별애(別愛)'를 주장했고, 묵자는 '겸애(兼愛)'를 주장했습니다.

이 둘은 어떻게 다른 것인지 설명해 보세요. 8장 참고

9. 맹자는 제왕이 부덕하여 민심을 잃으면, 덕이 있는 다른 사람이 천명을 받아

왕조를 바꾸고 새로운 왕조를 세워도 좋다고 보았습니다. 이러한 사상을

무엇이라고 할까요? 9장 참고

* 읽고 풀기의 PDF는 blog.naver.com/totobook9에서

다운로드 받을 수 있습니다.

1. 맹자가 말한 인정(仁政)은 타고난 본래의 어진 본성을 깨닫고 더듬어 이를 정치의 범주까지 넓혀 가는 것을 말한다. 제 마음을 헤아리는 것을 넘어 타인의 마음까지도 헤아려야 함을 말한다. 여민해락(與民偕樂)은 왕이 좋은 것을 독차지 하지 않고 백성과 나누며 즐거움을 함께 누리는 것을 의미한다. 백성의 기본적인 생존 문제를 해결해 주는 것이 여민해락의 시작이라고 보았다. 형벌과 세금을 줄이고 농사짓기 좋도록 개간하고, 함부로 부역시키지 않아 생활이 안정되면 여가를 내 효제충신을 가르쳐야 한다는 것이다.

2. 맹자는 성인의 경지에 오른 사람은 마음을 다스려서 외부 환경에 흔들리지 않지만 보통 사람은 그렇지 않다고 보았다. 환경에 이끌려 제 본성을 잃어버릴 수 있고, 사회 환경이나 정치에 따라서 인성이 변한다고 생각했다. 그래서 왕의 역량이 천하의 명운을 좌지우지한다고 보았고, 왕이 정치를 잘못하면 백성이 난폭해지고 세상이 혼란에 빠진다고 보았다. 이것이 맹자가 '정치'를 중시한 까닭이다.

3. 불인지심(不忍之心)

4. 선양(禪讓)이란 자신의 아들이 아닌 현명한 이를 후계자로 삼는 것을 말한다.

5. 맹자는 형수가 물에 빠졌는데 예의를 지킨답시고 구하지 않으면, 인간이 아니라고

했다. 남녀끼리 손을 맞대며 직접 주고받지 않는 것은 예이고, 항상 변하지 않는

'상도(常道)'이지만 형수가 물에 빠졌을 때 손을 잡고 구하는 것은 '권도(權道)'라고

했다. 맹자는 상도도 중요하지만 상황에 따라 적절하게 운용하는 권도도

중요하다고 여겼다.

6. 부귀나 빈천, 지위에 흔들리지 않고 바른 마음을 지키는 상태를 의미한다. 맹자는

부동심은 결국 지(志, 의지와 사상)에 달려 있다고 보았는데, 지를 가다듬고

집중하면 몸 안에 가득한 기(氣)를 조정할 수 있다고 했다.

7. 맹자와 고자는 인간이 완전한 존재가 아니라 가능적인 존재라고 인식했다는

점에서는 비슷했다. 하지만 맹자는 인간만이 타고난 본성을 선하다고 보았고,

고자는 이를 선하다고 미리 규정할 수는 없다고 보았다. 맹자는 사람이 선하지

않게 된 것은 타고난 본성 때문이 아니라 외부 환경의 영향 때문이라고 했고,

고자는 사람의 본성이 선하지도 불선하지도 않기 때문에 (선악을 구분할 수 없기

때문에) 인성 교육보다 중요한 것은 인간을 선한 존재로 이끌어 갈 정치 제도나

사회 규율이라고 했다.

8. 묵자가 주장한 겸애는 세상의 모든 사람을 차별 없이 똑같이 사랑한다는 뜻으로

평등주의, 박애주의에 가깝다. 사회적 혼란은 바로 나와 남을 구별하는 차별에서 비롯된다고 보았고, 나아가 서로 이익이 되는 관계[교상리,交相利]를 만들어 나갈 것을 주장했다. 반면, 맹자가 주장한 별애는 가까운 것에서 먼 것으로 옮겨 가는 것으로, 자기 자식을 남의 자식보다 더 사랑 한다는 차별에 기초한다. 맹자는 묵자가 주장하는 무차별적인 사랑이 부모와 자식 사이의 천륜을 무시한 것이고, 인간의 본성에 위배된다고 공격했다.

9. 역성혁명(易姓革命)